FENMEIHUI JIANZHA GAILIANG PENGZHANGTU DE LUYONG XINGNENG SHIYAN YANJIU

粉煤灰、碱渣改良膨胀土的路用性能试验研究

薛庆鹏 著

西北工业大学出版社

西安

【内容简介】 本书采用理论研究、试验和工程实践相结合的方法对粉煤灰、碱渣改良膨胀土的路用性能进行系统研究。全书共分6章,主要内容包括绪论,温湿状态对压实弱膨胀土变形性能的影响,优化设计与敏感性分析,粉煤灰、碱渣改良膨胀土的试验,粉煤灰、碱渣改良膨胀土的力学特性分析,公路路基粉煤灰、碱渣处治膨胀土拌和及路基压实工艺等。

本书结构严谨,内容翔实,通俗易懂,配有大量图表,使读者能够快速而深入地理解膨胀土改良的相关问题。通过试验分析研究,旨在帮助读者掌握新材料粉煤灰、碱渣的改良机理及适用条件,培养读者解决膨胀土改良工程实际问题的基本能力和创新能力。

本书可作为土木工程、道路工程、特殊土路基等专业教师与学生的教学参考书,亦可为相关领域的工程技术人员提供参考。

图书在版编目(CIP)数据

粉煤灰、碱渣改良膨胀土的路用性能试验研究/薛庆鹏著 . —西安:西北工业大学出版社,2017.9
ISBN 978 - 7 - 5612 - 5648 - 0

Ⅰ.①粉… Ⅱ.①薛… Ⅲ.①粉煤灰—路基—性能试验—研究 ②碱渣—路基—性能试验—研究
Ⅳ.①U416.1 - 33

中国版本图书馆 CIP 数据核字(2017)第 227997 号

策划编辑:季 强
责任编辑:李阿盟

出版发行:西北工业大学出版社
通信地址:西安市友谊西路 127 号   邮编:710072
电   话:(029)88493844, 88491757
网   址:www.nwpup.com
印 刷 者:北京京华虎彩印刷有限公司
开   本:787 mm×960 mm   1/16
印   张:7.875
字   数:162 千字
版   次:2017 年 9 月第 1 版   2017 年 9 月第 1 次印刷
定   价:28.00 元

前　　言

　　膨胀土形成于新生代第三纪至第四纪晚更新世,其矿物成分主要是蒙脱石和伊利石。膨胀土是具有膨胀结构,以及多裂隙性、强胀缩性和超固结性的高塑性黏性土。它的主要特征:①由膨胀性黏土矿物组成,多为蒙脱石和伊利石;②膨胀结构;③多裂隙性;④胀缩性;⑤强度衰减性;⑥超固结性等。

　　膨胀土在世界范围内分布极广,遍及六大洲40多个国家和地区。美国、中东、印度、非洲、加拿大和澳大利亚等国家和地区都先后遭遇了膨胀土的危害,造成了严重的经济损失。我国也是膨胀土分布很广的国家,在陕西、云南、贵州、广西、湖北和河南等20多个省区都发现有膨胀土。

　　膨胀土的裂隙性、胀缩性和超固结性,使得膨胀土的工程性质极差,对各类工程建设往往造成多发性、反复性和长期潜在性的地质灾害。在膨胀土地区,无论是路堑还是路堤,都会出现严重的边坡变形。这是由于大气物理风化作用和湿胀干缩效应,使边坡土体崩解,土体抗剪强度降低,而膨胀土的裂隙性和超固结性进一步加剧了土体抗剪强度的衰减,导致边坡的溜塌、滑坡等变形病害现象十分突出,使路基的坚实性和稳定性遭受破坏,造成路基失稳,影响行车安全。因此,膨胀土地区路基工程的稳定性,已成为当前工程地质中一个不可忽视的重要研究课题,许多公路、铁路等工程学科专家都在从不同角度和途径对膨胀土进行试验研究,以解决各种实际工程中遇到的膨胀土问题。

　　目前,一些专家将工程地质和环境地质结合在一起,利用固体废弃物对特殊土进行改良,使得利用固体废弃物改良特殊土及其对环境影响的研究成为热门话题,其中改良膨胀土的方法常见的有以下几种。比如利用石灰改良膨胀土、粉煤灰改良膨胀土、胶粉改良膨胀土、二灰土改良膨胀土和矿渣复合料改良膨胀土等。这些改良方法是利用工业上的固体废弃物,如粉煤灰、矿渣、胶粉和沙砾石等作为改良材料对膨胀土进行化学改良和物理改良的,这样既可以降低改良成本,又可以解决固体废弃物堆量大、占地多、污染环境等问题,且改良效果十分明显,得到了工程界的普遍重视。但是这些改良方法也存在一些不足之处,如石灰改良膨胀土会污染地下水,粉煤灰改良膨胀土需要的用量比较大,水泥改良膨胀土在改良膨胀性上的作用不强,而利用粉煤灰、碱渣改良膨胀土这方面的研究还鲜有报道,因此本书通过室内试验探讨粉煤灰、碱渣对膨胀土改良的可行性。

本书考虑利用粉煤灰、碱渣对膨胀土的基本物理力学性质、膨胀性等进行改良研究，探讨粉煤灰、碱渣改良膨胀土的可行性。这不仅在治理膨胀土地区的地质灾害、提高公路路基等级、降低工程造价等方面具有十分重要的研究意义，而且也使碱渣获得了充分的利用，变废为宝，具有明显的环境效益和经济效益，其综合利用的前景较为广阔。因此，本研究具有重大的理论技术意义和现实意义。

由于水平有限，书中不妥之处在所难免，敬请有关专家和读者批评指正！

著　者

2017 年 5 月

目　录

第 1 章　绪　　论

膨胀土在世界范围内分布广泛,全世界有 40 多个国家和地区发现分布有膨胀土,我国也是其中之一。随着我国交通领域的快速发展,在高等级公路建设中,不可避免地需要穿过膨胀土分布地区。膨胀土的存在对我国高等级公路的建设产生了极大的危害,被称为公路建设中的"癌症"。裂隙性、超固结性及膨胀性是膨胀土的三大特征,含水率及上覆压力的变化是造成膨胀土工程特性变化的根本原因。浅层性、渐进性是膨胀土路基及边坡破坏的典型特征,路基表面较小的上覆压力及较大的含水率变化是造成这一破坏特征最主要的原因,在一定的上覆压力及较小含水率变化下,膨胀土的工程特性得到了明显改善,这为将压实弱膨胀土用于路基填筑提供了可能,如何合理地利用膨胀土的这一特性,将膨胀土用于公路建设当中,是当前膨胀土研究的热点与难点。

1.1　膨胀土路基的研究现状

路基受到地质水文和气候等方面的影响较大,采用压实弱膨胀土作为路基填料时,由于受到气候变化的反复影响,膨胀土在应力应变方面产生持续反复的变化,使得路基的强度、变形性能及稳定性逐步降低,从而造成了路基的破坏,因此,要研究压实弱膨胀土用于路基填筑的可行性,必须研究路基环境下的压实膨胀土的工程特性。自 2002 年以来,交通部门多次组织了高校、设计院的相关专家联合对膨胀土地区建设的技术进行研究,取得了丰硕的成果。本节主要从温湿状态、干湿循环等方面进行介绍。

1.1.1　温湿状态下路基压实弱膨胀土的工程性状

1. 路基温湿状态研究现状

大气降雨及蒸发是路基温湿状态改变的重要原因,随着路基深度的变化,大气对不同深度的路基温湿状态的影响明显不同。近年来,越来越多的学者对不同深度的路基及边坡的温湿状态进行了监测,取得了更多的研究成果。

A. asserat de silans 等人在裸土实验场安装了多种传感器,测量土体不同深度的温度及含水率的变化,同时将试验结论与他本人所建立的模型进行比较,结果表明两者的结论比较接近。M. OKane 对加拿大某银矿废弃场上覆土层进行了现场监测,通过各种传感器测定不同气候变化情况下土基的含水率及温度的变化情况。J. Gasmo，H.Rahard 等人在试验场地安装了张力计、TDR 测压管、雨量计等试验仪器，并通过这些仪器测试土体的含水率吸力地下水位表面径流量和降雨量，研究天然人工降雨条件下渗入到残积土边坡的水分与降雨量的关系及其对边坡稳定性的影响。A.GLi 等人对香港某大型开挖残积土边坡进行原位现场监测，所埋设仪器有含水量探头、张力计、测压计、测斜管、土压力盒和雨量计，通过测定土体含水率、张力及压力的变化来揭示土体边坡的降雨入渗过程，分析了这一过程中边坡的稳定性状态。

詹良通等人在枣阳选取了 11 m 高的典型的膨胀土挖方边坡进行人工降雨模拟试验和原位综合监测。监测仪器包括张力计、热传导吸力探头、含水率探头、土压力盒、测斜管、雨量计、蒸发计以及地表径流量测试计等，组成了一个完整的监测系统。通过对边坡土体中的水分、孔隙水压力、应力状态以及土体变形的监测，来探讨边坡中土、水相互作用机理。姜洪涛等人对沥青、水泥、多孔砖、草地及裸土覆盖下的温度及湿度场进行了长期的监测分析。

陈建斌、李雄威等人对广西南宁水牛坡的膨胀土进行了监测，对缓坡、陡坡与坡面草 3 种类型的膨胀土边坡进行了原位监测，并采用小型气象站、土壤含水率 TDR 系统、重力烘干法、温度传感器、测斜管、沉降板等仪器跟踪监测了不同类型边坡的变形、含水率及温度的变化规律，通过对监测数据的分析后认为，降雨是引起膨胀土边坡破坏的最直接原因，而蒸发效应是灾变发生的重要前提，蒸发是土体裂隙开展的内在原因。陈建斌等人对非饱和土的蒸发效应与影响因素进行了分析研究，并对大气影响下膨胀土边坡的动态响应进行了数值模拟。

杨果林等人对路基在不同气候条件下的含水率、温度及土压力变化进行了试验研究，在含水率变化方面通过六组膨胀土路基室内模型试验，在不同排水边界及压实度条件下，分别模拟了积水、阴天、日照、降雨时路基的含水率变化规律。杨果林采用室内试验的方法模拟了不同路基排水及不同路基边坡条件下，四种不同气候条件下的土压力变化，得出路基大气影响深度范围为 2.5～3 m，土压力的变化主要是由膨胀土路基中含水量变化所引起的土体自重变化与膨胀土在不同气候条件下不同含水量所产生膨胀土压力的变化综合作用结果。

胡明鉴等人对某高速公路膨胀土路基处置 1 年多以后的土体性状进行了后期钻孔取土研究，并进行了试验验证。杨果林利用南友高速公路中膨胀土在不同的排水条件及路基坡度下，进行了多组模拟路基在积水、阴天、降雨及日照四种环境下的温度模拟试验，得出了膨胀土路基中的温度变化规律。郑健龙等人对某路基内部进行了长达 1 年的现场跟踪监测，研究了路基不同部位的温度随时间的变化规律。刘炳成等人对非饱和多孔土壤湿度及温度的动态特征进行了试验，研究了温度对水分迁移的影响。阮志新等人对石灰处治膨胀土填筑路基进行了现场试验研究，通过试验研究得知，土体内竖向应力随填土高度的增加呈线性增长，温度的影响深度约为 2 m，土体表面为 0.5 m，深度范围内随温度变化幅度较大，且土体内存在温度滞后效应，随着深度越大，滞后效应越明显，处治后土体含水率较小，说明了石灰处治膨胀土路基试验路段具有较好的保水性。

2. 大气影响深度的研究现状

大气通过降雨、蒸发及温度等因素变化改变土体内部的温度及含水率,大气影响深度的影响因素较多、较复杂,现行膨胀土地区建筑技术规范采用湿度系数确定大气的影响深度,但由于部分国家或者地区无法提供相关的气候资料,使得这一规范方法在某些地区无法实行,近些年来,有学者对此进行了研究。

赵平采用勘测资料对埃塞俄比亚膨胀土不同深度的含水率进行了分析,并利用相关资料计算了土体的湿度系数,进而计算了大气影响深度。余飞等人对合肥地区膨胀土路基的处治深度问题进行了探讨,得出采用规范方法确定的大气影响深度偏小。

李欣等人对云南鸡街盆地极端干旱状态下的大气影响深度进行了研究,结果表明在极端干旱的情况下无法采用规范中的湿度系数确定大气影响深度。郭伟等人通过对土体含水量和地温随深度的变化幅度以及静力触探锥尖阻力变化规律等方面的分析,确定了本地区大气影响深度,同时还发现地形对大气深度也有一定程度的影响,膨胀土地区边坡破坏规模和形式均与大气影响深度密切相关。

阳云华等人通过对土体的破坏及大气影响深度的研究后发现,土体破坏均位于大气影响深度范围内。李雄威等人对南宁膨胀土边坡进行了监测,从湿、热两个方面分析了大气影响深度,结果表明,采用植被覆盖坡后可以有效减小膨胀土边坡的大气影响深度。

赵艳林等人对大气作用下膨胀土地基的水分迁移与胀缩变形进行了分析,得出地基中含水率变化幅度随深度增加而递减,3.5 m 以下土体的体积含水量基本不变,从而确定了南宁地区膨胀土地基的大气影响深度为 3.5 m。在此基础上,结合已有膨胀土胀缩性指标的干湿循环效应研究成果提出了一种同时考虑干湿循环效应和 1.0 m 深处含水率变化的膨胀土地基胀缩变形计算方法。

3. 温湿状态对膨胀土工程特性的影响

温度及湿度是气候的两个主要方面,也是对路基造成影响的主要环境因素。近些年来,部分学者对此进行了研究,研究成果主要集中在由气候变化造成的路基温度及含水率变化对路基膨胀土工程特性的影响方面。

李雄威等人对模拟日照条件下膨胀土湿热耦合性进行了分析,研究了降雨发生后模拟日照条件下的膨胀土土体的含水率及土体裂隙变化规律,并对新开挖边坡的大气影响深度进行了现场监测试验。谢云等人研究了温度对膨胀土强度及变形的影响,推导出了温度影响下的强度计算公式,提出了考虑温度的重塑非饱和膨胀土非线性本构模型。

D. De. Bruyn 等人对饱和 Boom 黏土试样在不同温度及不同围压下的三轴试验结果进行了分析,得出抗剪强度随温度升高而减小。我国学者武文华利用 Romcro 对 Room 土的吸力含水率试验结果引用 Hucckcl 提出的热软化计算式,提出非饱和土的热、水力、力学本构模型并进行了数值模拟。Cane Cekerevac 等人对饱和黏土进行了温度控制在 22~90℃ 之间的三轴试验。分析了温度对抗剪强度、临界状态线和弹性模量的影响,结论表明,土的抗剪强度随温度升高而升高。Tanaka 等人对重塑饱和伊利石黏土进行了不同温度的三轴试验研究,结果表明,土的抗剪强度随温度升高而升高,随温度升高有应变软化的趋势。

李雄威等人以南宁膨胀土为研究对象,采用现场试验方法测定了不同季节的降雨量及降雨量的大小对土体含水率变化的影响,并测定了不同深度处土样的竖向及横向膨胀力变化,研究了"旱涝急转"的过程会造成土体膨胀力的骤然变化,但雨季的持续又会对土体水平向和竖向膨胀力带来不同影响。张天翔等人研究了极端气候事件对膨胀土路基水毁影响。

杨明等人采用基于温度、渗流、应力的耦合模型,以皖西地区实际蒸发量和降雨量作为边界条件,模拟了降雨、蒸发等天气条件的变化对路基工程行为的影响,分析了路基在大气热湿循环作用下的变形规律。E. E. Alonso 等人采用热、湿、力耦合分析了膨胀土路基在不同气候状态下的变形、含水率及温度变化,同时考虑热的扩散效应和热膨胀效应造成的变形,并采用实际的降雨量、温度和相对湿度定义不同的气候特征,采用相对湿度计算地表蒸发,得出径向排水对路堤基础和底基层饱和度影响较大,而对路基的影响有限的结论。

施斌研究了黏性土在不同温度下龟裂的开展,并对相关的开裂机理进行了探讨。唐朝生研究了土体剖面在不同深度处的温度变化规律,并采用数字图像处理技术对不同温度下膨胀土的干缩开裂进行了研究,得出温度对土样出现裂缝的临界含水率影响非常明显。同时唐朝生还采用了数字图像技术对不同温度影响下的黏性土的干燥收缩裂缝的发展规律及其形态学进行了定量分析。王爱军通过设置不同的脱湿环境,研究了不同脱湿环境下膨胀土的变形及强度特性的变化。孔令伟等人对脱湿速率下的膨胀土性状及土水特征曲线进行了研究,河海大学胡瑾在特定温度下对高淳胥河边坡膨胀土进行了上覆压力下的收缩及膨胀试验。

J. TABBAGH, S. M. MILLER 等人对大气影响下的膨胀土强度、变形等方面的基本特征进行了研究,张锐等人对公路膨胀土路基的湿度平衡规律问题进行了研究。翟聚云等人研究了非饱和膨胀土的气态水迁移及气液态水分迁移规律。

1.1.2　干湿循环作用下膨胀土的工程性状

大气反复的降雨及蒸发作用导致了膨胀土路基内部含水率的反复变化,从而完成了膨胀土土体工程性状的变化,学者对此展开了广泛而深入的研究,取得了较多的成果,现从干湿循环对强度及变形影响的两个方面进行总结。

1. 干湿循环对膨胀土强度的影响

慕现杰对干湿循环作用下的膨胀土强度进行了直剪试验和无侧限抗压强度试验,得出随着循环次数的增加,膨胀土的凝聚力减小,而内摩擦角也略有减小的结论。

吕海波等人通过对南宁地区原来状态膨胀土干湿循环试验,得出膨胀土抗剪强度随干湿循环次数增加而衰减,最终趋于稳定的结论,并利用压汞试验测定了膨胀土干湿循环过程中的孔径分布,解释了干湿循环对土的粒间连接产生不可逆的削弱的原因,同时基于不同的次数干湿循环试验,提出了黏聚力衰减率与干湿循环次数的S形曲线的关系。另外,吕海波还研究了不同于湿循环次数下膨胀土的抗拉强度与干湿循环次数的关系。

肖杰等人对低应力下干湿循环的慢剪强度进行了研究,得出低应力下膨胀土干湿循环后的稳定强度与土体的残余强度接近。韩华强等人以饱和度和干湿循环次数为控制条件,对膨胀土进行了室内常规直剪试验,干湿循环次数会引起膨胀土长期强度和变形模量的衰减,其中对强度指标中黏聚力的影响要明显大于内摩擦角,膨胀土所具有强烈的强度衰减特性,使得膨胀土的工程性质极差。

杨和平等人研究了不同上覆荷载作用下的干湿循环效应对膨胀土抗剪强度的影响。他对传统的CBR试验方法进行改进,从浸水方式、上覆压力及初始含水率等方面分析了现行方法的不合理性,提出了合理的CBR值测定方法,并采用此方法对不同的膨胀土填料用于路基铺筑中的分类进行了研究,提出了膨胀土的分类指标体系;通过对直剪试验的试样制备及试验方法进行符合工程实际的改进,进行了不同干湿循环次数下膨胀土强度衰减特性的研究。

李新明等人针对包边法路基施工中填芯膨胀土的实际工程状态,设计了反应路基填芯膨胀土环境状态的干湿循环过程,对6次干湿循环前后的填芯膨胀土的强度特征进行了系统的分析研究。

李舰等人基于颗粒尺度的热力学理论对干湿循环路径下的膨胀土变形进行了分析,并基于BBM模型建立了适用于吸力循环过程的弹塑性本构模型,并利用该模型对土体的吸力循环行为进行预测。

刘华强等人研究了裂缝对膨胀土抗剪强度的影响,提出了基于干湿循环的膨胀土强度指标计算公式。曾召田通过设置不同干湿循环幅度,研究了不同干湿循环次数下膨胀土强度指标的衰减。

2. 干湿循环对压实膨胀土变形的影响

吴珺华等人研究了干湿循环作用下膨胀土的胀缩性能,得出试样的最终膨胀率和最终收缩率均逐渐减小,膨胀变形减小明显,而收缩变形减小不大。此外,吴珺华还对膨胀土土样的初始开裂进行了分析计算。

赵燕林对膨胀土进行了干湿循环试验,得出干湿循环次数与胀缩性指标可采用指数关系拟合,缩限在干湿循环次数中不发生变化,土体经过3次干湿循环后胀缩性指标逐渐趋于稳定。郑澄锋对干湿循环作用下的边坡变形发展过程进行了数值模拟。

杨和平等人对宁明原状膨胀土进行了上覆荷载条件下的干湿循环试验,研究了不同上覆荷载作用下压实膨胀土的干湿循环次数与膨胀变形指数的关系。Basma对4种不同的重塑膨胀土进行了干湿循环试验,研究了试验前后膨胀土微观结构的变化。这些试验结论表明,膨胀土的膨胀性随着干湿循环次数的增加而不断降低。

Albrechtd等人研究了干湿循环对膨胀土渗透性的影响,发现渗透性随着干湿循环次数的增加而增加,他将这一结果归因于膨胀土内部裂隙数量的增加。吴珺华等人采用大型的直剪仪分别对未经历和经历干湿循环作用的土样进行了大型剪切试验,试验结果表明干湿循环诱发膨胀土裂隙发育,抗剪强度迅速衰减,是导致膨胀土工程失稳破坏的主要原因。

P. DELAGE 等人通过试验发现,干湿循环过程中所呈现的胀缩变形特性受初始含水率或吸力状态的制约。另外,Alonso 指出在控制吸力的条件下,试验所表现出来的变形分为两个方面,即微观结构变形和宏观结构变形。一般情况下,微观结构变形是可逆的,而宏观结构变形的可逆性与干湿循环过程的变形积累有关。

魏星等人对干湿循环作用下压实膨胀土的胀缩变形进行了模拟,指出干湿循环引起的膨胀土胀缩变形可以分解为由吸力或者含水率改变而同步改变的可逆性分量和一个主要产生于干湿循环初期的不可逆性分量,并给出了两种分量的数学描述。

ALONSOEE、NOWAMOOZH、唐朝生等人采用控制吸力的方法对膨胀土在干湿循环过程中的胀缩变形特性进行了试验研究,但采用控制吸力方法进行干湿循环试验时,试验所需要的时间较长,试验过程复杂,较难开展。Basma 等人和 Tripathy 等人发现在相同的固结压力下在干湿循环达到平衡状态后土的孔隙比保持不变并且与土的初始击实干密度无关。Airo Farulla 等人通过电子显微镜观察聚集体在吸力循环作用下的面积变化过程证实聚集体的体积变形是可逆的。ZEMEUNG 等人对干湿循环作用下原状膨胀土的变形特性进行了试验研究。

陈亮研究了干湿循环过程中,土体沿不同方向失水导致的膨胀土土体变形特征。查甫生等人研究了膨胀土在干湿循环过程中的变形特征,研究了土体的增湿变形与膨胀时间关系,得出在土样的含水率恢复至起点时,土样的高度比原样高度有所增加。李雄威等人在干湿循环试验过程中采用大环刀样,再转制成小环刀样进行膨胀率及直剪试验,有效地改善了试验制备中的尺寸效应。刘义虎等人对干湿循环作用下水对路基的破坏机理进行了试验研究。

张家俊等人研究了不同干湿循环次数对膨胀土裂隙开展的影响。曾召田等人对膨胀土干湿循环后的孔径分布变化进行了研究,从微观方面分析了土力学中的干湿循环效应,并对干湿循环作用下膨胀土的累积损伤进行了初步研究。姚志华采用 CT 试验的方法研究了干湿循环及三轴浸水过程中的细观结构的变化,得出在浸水过程中,土样的裂隙逐渐闭合,但闭合的程度与应力状态有关。

1.1.3 膨胀土膨胀指标的研究

1. 膨胀土的研究现状

叶为民等人采用恒体积法对高压实高庙子膨润土膨胀力特性进行了研究,秦冰等人进一步通过干密度、初始含水率等对高庙子膨润土膨胀力进行了研究。丁振洲等人研究了三种常见膨胀力的测量方法,并对膨胀力随增湿度、干密度、起始含水率等影响因素的变化进行了研究,采用"等同"试样进行了不同程度脱湿后的膨胀力变化规律试验。章为民研究膨胀力与膨胀变形之间的关系,提出了膨胀土的膨胀模型。KOMINEH 对不同吸力下的膨胀力进行了研究,得到吸力下膨胀力随时间逐渐增大,而在高吸力作用下,膨胀力时程曲线出现"平台"。

张颖钧发明了三向胀缩特性仪。谢云等人采用此仪器对重塑膨胀土的三向膨胀力进行了研究,结果表明三向膨胀力不等,水平膨胀力小于竖向膨胀力。湿涨干缩使得重塑膨胀土的膨胀力降低,膨胀力与位移呈对数关系,并给出了膨胀力与初始含水率及干密度的关系式。谭波利用自主研制的三向膨胀仪对宁明膨胀土的三向胀缩规律进行试验研究,得出干密度及三向应力状态是影响三向膨胀性能的重要因素。李海涛等人研制了无干扰可控制饱和度的膨胀力测试仪器,克服了传统方法中难以严格控制试样饱和、在反复的压缩和膨胀过程中体积不能保持恒定而导致的试样扰动和测试过程复杂等缺点。杨长青对膨胀土的三向膨胀变形进行了试验研究。

孙发鑫等人对高庙子膨润土、砂混合料的三向膨胀力特性进行了研究,混合料三向膨胀力均随干密度呈指数关系递增,随含砂率呈指数关系递减,建立了高庙子膨润土及其含砂混合料三向膨胀力的经验模型。刘泉声等人对砂、膨润土的膨胀力影响因素进行了研究。LAJUDIE A,SRTDHARAN A 等人针对不同类型的膨胀土,开展了压实状态下膨胀力的室内试验研究工作,获取不同压实膨胀土的膨胀力特征。

周博、李雄威等人研究了膨胀土原位膨胀力的测定方法及规律。杨果林对膨胀土的侧向原位膨胀力进行了研究,得到了膨胀力与含水率的经验公式。李风起研究了膨胀土地基的竖向原位膨胀力,得到了原位膨胀力与相关指标的关系。王亮亮等人采用现场大面积浸水的方式进行了膨胀土原位膨胀力的现场试验,得出了原位膨胀力的变化过程。金畅等人采用声波测试法测得路基的剪切波速,利用改进后的压力-膨胀量曲线法,进行原位地基土的膨胀力试验。

2. 膨胀及收缩变形指标研究现状

李志清等人研究膨胀土浸水、浸盐、浸酸的试验,并利用 Does Rcsponsc 模型很好地模拟了膨胀土膨胀浸水时的规律,浸盐的膨胀变形降低,浸醋使得膨胀变形升高。

李振等人在经过改造的三轴仪上对安康膨胀土进行了三向增湿变形试验。试验表明:在相同应力比的三轴应力状态下,膨胀土浸水过程中的变形为膨胀变形,应力较大时,轴向变形表现为压缩变形,而径向变形则表现为膨胀变形。土样在增湿剪切过程中以体积膨胀为主,体积变化以侧向变形为主,轴向变形较小,同时进行了有梯度的增湿试验,研究了压力对膨胀土遇水膨胀的抑制作用,测试了试样在浸水前后不同压力下膨胀变形量的变化过程,给出了通过干密度来初步估算膨胀压力的计算模型。

Weston 等人根据不同干密度黑棉土的膨胀变形资料,总结得到膨胀量的计算公式。Lore 等对膨胀土膨胀变形特征进行了研究,提出了三阶段膨胀变形的模型。D. J. Hamberg,D. G. Fredlund 给出了基于一维固结试验结果的膨胀土地基变形预测方法,主要有自由膨胀固结实验法和常体积固结实验法等。这些方法必须考虑现场的应力路径,并且必须考虑取样扰动的影响。M. Gysel 基于一维固结理论认为在弹性范围内,在有侧限的情况下,根据弹性理论和经验公式可以得到竖向的膨胀量计算公式。

程钰等人研究了初始状态对膨胀土变形规律的影响,提出了采用稠度状态作为中间状态量拟合上覆压力与线膨胀率之间的关系。黄斌等人采用邯郸强膨胀土为研究对象,通过室内膨胀试验,研究了膨胀土的线膨胀率与压实度、初始干密度及初始含水率之间的关系,提出了 K_0 状态下,不同上覆荷载作用下的膨胀土线膨胀率计算式。张福涛等人采用宁淮高速公路弱膨胀土进行研究,提出了综合考虑初始含水率、初始干密度及上覆压力的膨胀土变形耦合计算公式。张爱军等人以安康压实膨胀土为研究对象,通过不同初始干密度、初始含水率和上覆压力的一系列的线膨胀率试验,得到了以人工压实膨胀土的膨胀变形随三种因素的变化规律,采用容势含水比取代初始含水率进行变形的拟合。

李献民等人研究了外部因素对膨胀土土样变形特性的影响,得出初始含水率及初始干密度是影响土样变形最重要因素的结论。鲁洁等人对不同干密度及初始含水率下的膨胀土土样进行了增湿变形试验,研究了原状膨胀土和重塑膨胀土的增湿变形特征,将初始含水率、上覆压力及初始干密度对两种土样的膨胀率影响进行了比较研究。孙即超提出了膨胀土的膨胀模型并反演确定膨胀土的膨胀力。

韦秉旭等人采用侧限有荷膨胀试验,研究了膨胀土有荷膨胀率和上部荷载、自然饱和含水率以及过程含水率之间的关系,据此推导出了计算膨胀土路堤的变形随含水率及上覆荷载变化的本构模型。

李志清系统地研究了不同初始状态下膨胀土的变形规律及致灾机制,并采用 Does Response模型,定量地模拟了胀缩时程规律。常玉兰研究了膨胀土失水收缩时收缩压的变化规律。漆宝瑞研究了膨胀土的膨胀系数、收缩系数的求解方法。马少坤则研究了南宁膨胀土的长期压缩特性。Nelson认为体积收缩与含水率呈线性关系。

姚海林等人提出采用标准吸湿含水率对膨胀土的膨胀等级进行划分,确定了标准吸湿含水率的试验方法及标准吸湿含水率与蒙脱石含量、塑性指数等的关系。杨明亮进一步讨论了该方法对石灰改良膨胀土的适用性,结果显示该方法对石灰改良膨胀土不适用。罗冲等进行了膨胀土在不同约束状态下的试验,得出不同约束状态对膨胀土的含水率、密度、孔隙比等物理力学性质有显著的影响。

1.2 膨胀土改良研究现状

1.2.1 物理方法改良膨胀土

1.掺纤维改良膨胀土

由于基体吸水膨胀时,纤维和基体的界面产生切应力,从而限制基体的进一步膨胀,对土体的变形起到约束作用。土中纤维加筋能有效地抑制膨胀土的膨胀,减少膨胀土的膨胀力和膨胀率,显著提高土体无侧限抗压强度、凝聚力和内摩擦角。纤维对膨胀土收缩性质有明显改良,可显著降低纤维土的收缩性。雷胜友等人进行了麻丝纤维加筋抑制膨胀土的膨胀性试验;胡斌等人通过室内土工试验和数值模拟分析研究纤维类材料改良膨胀土的可行性和效果;李天龙进行了掺聚丙烯纤维改良膨胀土的试验研究。

2. 风化砂改良膨胀土

风化砂改良膨胀土就是将风化砂按照一定的配合比例掺入膨胀土中,经过拌和之后形成改良土样,掺砂改良膨胀土的机理主要如下:

(1)增大了膨胀土中粗颗粒含量,达到减小膨胀量的效果;

(2)改变了膨胀土的密实特性,增大了空隙率,减小了膨胀土的膨胀量;

(3)增大了膨胀土颗粒与颗粒之间的摩擦力,利用颗粒与颗粒之间的摩擦力抵消一部分的膨胀力,达到降低膨胀量的效果;

(4)增大初始含水率,使膨胀土在施工时处于一个高含水率状态,从而达到降低膨胀量的效果。

杨俊等人对风化砂改良膨胀土进行了较为系统的试验研究,为工程应用提供了试验依据。

1.2.2 化学方法改良膨胀土

1. 石灰改良膨胀土

用石灰改良膨胀土是工程中常用的方法,目前研究较多。石灰是一种无机的胶结材料,其作用机理如下:

(1)离子交换作用。在土中水分子作用下,生石灰迅速消解,产生 $Ca(OH)_2$ 及少量 $Mg(OH)_2$。CA^{2+},Mg^{2+} 置换膨胀土颗粒所吸附的 K^+,Na^+ 等离子,使膨胀土的分散性、坍塌性、亲水性和膨胀性降低,塑性指数下降并易稳定成型,形成早期强度。

(2)碳酸化作用。$Ca(OH)_2$ 和 $Mg(OH)_2$ 在土中不断和空气中 CO_2 反应生成 $CaCO_3$ 和 $MgCO_3$ 坚硬的固体颗粒,具有较高的强度和水稳定性,$CaCO_3$ 对土体的胶结作用使得土体形成石灰稳定土。

(3)凝胶反应。离子交换反应后期,随龄期增长,膨胀土中的硅胶、铝胶与石灰进一步反应形成含水硅酸钙、铝酸钙。这两种凝胶能够在水环境下发生硬化,在膨胀土的黏粒外围形成稳定的保护膜,具有很强的黏结力,形成网状结构,使灰土强度增长,并保持长期的稳定。同时保护膜还能起到隔离水分的作用,使膨胀土获得水稳定性。

(4)结晶作用。石灰掺入膨胀土中后,溶解度很小,除了离子交换和碳酸化作用外,绝大部分以氢氧化钙结晶水的形式析出,进一步提高了膨胀土的强度和水稳定性。

2. 水泥土改良膨胀土

掺加一定比例的水泥对膨胀土进行改性是目前处理膨胀土的主要方法之一。水泥的掺入改变了膨胀土的结构和化学成分,从而改良了膨胀土的物理力学性质。水泥与膨胀土的离子交换及团粒化作用、硬凝反应及碳酸反应,使土体粒间连接力增强,抗压强度增大,可以有效地改良土的膨胀性。研究表明,水泥掺量比为 8% 是最佳掺量,此时改良土的自由膨胀率和塑性指数达到最佳,且具良好的水稳性。

3. 二灰土改良膨胀土

二灰土是由石灰、粉煤灰与土混合而成的。石灰和粉煤灰混合治理膨胀土,石灰和粉煤灰各自发挥成分的特长。石灰和膨胀土的胶凝反应进行较慢,早期强度不高,而粉煤灰含有大量活性 SiO_2 和 Al_2O_3,在石灰存在的情况下,水化生成胶凝性物质胶结膨胀土颗粒,形成网状连接,使膨胀土的早期强度提高,后期强度稳步增长。

4. 固化剂改良膨胀土

(1)FH 系列固化剂改良膨胀土。FH 系列固化剂的加固机理是将固化剂中的水分调节剂与水分子形成氢键筋带作用,或其他化学键,对水有较强的吸附作用,有利于土壤的稳定固化。固化剂中含有微晶核,通过晶格配备,可在土颗粒空隙中生成针状结晶体,填充土体缝隙,并形成骨架结构。固化剂中高分子材料通过交联形成三维网状结构,提高土体的抗压、抗渗等性能。通过固化剂中的固化成分与土颗粒的化合、凝结等反应,使多余水分被排除,剩余水分参与固化反应使土壤得以稳定固化。与原土、石灰土、水泥土相比,FH 系列改性土的抗剪强度更高,整体性更好,塑性变形允许值更大。

(2)ISS 离子土壤固化剂改良膨胀土。ISS 是美国研发的一种电离子土壤固化剂,是一种复合的化学配方,其中含有活性成分的磺化油,无毒、无腐蚀性、无污染。磺化油是一种交换树脂,也是一种电解质,能溶于水,在水中离解出带正电荷的阳离子 $[X]^{n+}$ 和带负电荷的阴离子 $[Y]^{n-}$,阳离子与土壤胶体表面的阳离子 $[M]^{n+}$ 产生交换作用,将这些原本吸附在土壤颗粒表面、亲水性极高的阳离子赶走,代之以亲水性较低、黏结力较强的铝离子及其水合物,从而达到将土壤改性的目的。加入 ISS 后,通过电化原理改变黏土颗粒双电层结构,能永久地将土壤的亲水性变为疏水性,土体膨胀潜势显著降低,抗剪强度和抗压缩能力大幅度提高。

(3)HEC 固化剂改良膨胀土。HEC 是一种高强耐水固体粉末状水化类固化剂,属无机水硬性胶凝材料。贺立军通过不同条件下的膨胀性试验、剪切试验、无侧限抗压强度试验等对 HEC 改良膨胀土的工程性质进行了试验研究。研究表明:HEC 固化土的物理力学性质得到大幅度提高,膨胀土膨胀潜势基本消失;HEC 可极大地提高土体的强度,且随着固化剂含量的增加,其抗剪强度逐渐增大,无侧限抗压强度也逐渐提高;HEC 固化土耐崩解性好,相同成型试件条件下,HEC 加固土的密实程度得到明显改善和提高。

(4)NCS 固化剂改良膨胀土。NCS 固化剂(New Type of Composite Stabilizer for Cohesive Soil)是一种新型复合黏性土固化材料的简称,由石灰、水泥等合成添加剂改性而成。NCS 加入填料中除具有石灰、水泥对土的改性作用处,还进一步使土粒和 NCS 发生一系列物理化学反应,使膨胀土颗粒间紧密,彼此聚集成土团,形成团粒化和砂质化结构,增强了土的可压实性,同时,膨胀土颗粒在 NCS 水化反应中生成新的水化硅酸钙和水化铝酸钙,加强了土体的强度和稳定性。

5. 化学试剂改良膨胀土

(1)阳离子改性剂改良膨胀土。阳离子改性剂主要由聚丙烯酰胺(PAM)硅酸钠组成。硅酸钠是一种无机类水溶性固剂,其负离子可以逐步与氢离子结合产生聚合而形成凝胶;反应生成的胶体沉淀在土颗粒表面,使土颗粒表面形成一层薄膜。由于该物质的胶结性,将土颗粒相互胶结起来,并脱水缩聚,由单分子的结构,最后变成空间结构,把分散的颗粒进一步聚裹成一个整体,达到提高土体强度的作用。阳离子聚丙烯酰胺是一类具有水溶性的有机高分子化合物,对膨胀土具有化学固化和改变土体结构的效能。该有机物不仅改善膨胀土的膨胀性能,而且对土体强度,土的渗透性、水敏性、时效性均有改善作用。

(2)溴烷铵改良膨胀土。溴烷铵全称十六烷基三甲基溴化胺(HTAB),是一种可溶于水的阳离子型表面活性剂,具有优良的渗透、柔化、乳化、抗静电、生物降解性及杀菌等性能,且化学稳定性好,耐热、耐光、耐压、耐强酸强碱。HTAB 是利用表面活性剂的长碳链所具有的疏水性,使黏土由亲水性表面转变为疏水性表面的,同时 HTAB 阳离子进入层间后,以胶束状态存在于层间,使得膨胀土的层间距增大,膨胀土比表面积减小;HTAB 中的阳离子中和了部分土颗粒表面的负电荷,土体表面的负电荷量降低,膨胀性减弱。

(3)CTMAB 改良膨胀土。CTMAB 为阳离子型表面活性剂,由于土颗粒较小,并且具有较大的比表面能,具有较强的吸附能力,而 CTMAB 表面活性剂表面张力小,它能够在土体表面铺展开。加入 CTMAB 是利用表面活性剂的长碳链所具有的疏水性,使黏土由亲水性表面转变为疏水性表面的。同时 CTMAB 阳离子进入层间后,以胶束状态存在于层间,使得膨胀土的层间距增大,但使部分小孔被堵塞,因此,造成膨胀土比表面积减小,从而膨胀性就得以减弱。同时 CTMAB 阳离子中和了部分土颗粒表面的负电荷,土体表面的负电荷量降低,土粒周围形成的静电引力场影响范围也降低,当土粒与孔隙中的水接触时形成的水化膜厚度也变薄,膨胀特性将得到减弱。

(4)PAS 改良膨胀土。PAS 化学试剂主要由阳离子无机物和阳离子型高分子有机物组成,不含石灰,避免了对环境的影响,并可以有效降低膨胀土膨胀率,改善其物理力学性质。PAS 改性剂可以改善黏土矿物的强亲水性,减小黏土矿物的吸水膨胀能力,提高黏土颗粒之间的连接强度,改善其微结构;减少水分在土中的渗透与迁移,改善黏土矿物(如蒙脱石、伊利石等)晶层间的连接,并提高黏土颗粒间的黏结作用。PAS 改性剂中的阳离子无机物是一种无机类水溶性固化剂,其负离子可以逐步与氢离子结合产生聚合而形成凝胶。反应生成的胶体沉淀在土颗粒表面,使土颗粒表面形成一层薄膜。由于该物质的胶结性,将土颗粒相互胶结起来,并脱水缩聚,由单分子的结构变成空间结构,把分散的颗粒进一步聚裹成一个整体,达到提高土体强度的作用。

(5)CMA 改性剂改良膨胀土。CMA(Changing the Montmoriuonite's Absorbent)改性剂应用于膨胀土地基与边坡的治理时能起到较好的效果,其原理是利用改性剂和少量石灰掺配成水溶液,水分子被离解成 H^+ 和 OH^-,从而与膨胀土表面吸附的阳离子进行交换,将吸附在土粒上的水化学键破坏形成自由水,使石灰土形成键状和网状结构,以加快反应和离子交换,水分通过重力、蒸发和压实作用排出,减弱膨胀土的膨胀势能,改变膨胀土颗粒胶结特性,从而提高土体的抗剪强度,永久地改变膨胀土属性,将膨胀土改性为非膨胀土。

(6)ESR 改性剂改良膨胀土。ESR 生态改性剂是一种离子交换剂,无毒、无腐蚀性、无污染。它是一种交换树脂,也是一种电解质,能溶于水,在水中离解出带正电荷的阳离子和带负电荷的阴离子,阳离子与土壤胶体表面的阳离子产生交换作用,通过离子交换将膨胀土由原来的亲水性改变成憎水性,能使膨胀土土体永久改变属性,由膨胀土改性为非膨胀土。改性后的土体各项强度指标大幅度提高,内摩擦角、凝聚力值和无侧限抗压强度明显提高,其工程性质得到了很大程度的改善。

1.2.3 生物方法改良膨胀土

微生物是存在于自然界的一群体形微小、结构简单、肉眼看不见的微小生物。微生物分泌的带有黏性的有机物黏液和聚合物的黏结,促使黏质粉土颗粒簇的随机生成。其新陈代谢活动,可改变原始地质环境,使矿物直接在介质中沉淀。沉积物和死亡的细菌将土颗粒胶结或填塞粒间孔隙,对膨胀土起到改良作用。利用微生物改良膨胀土,目前尚处于理论分析和试验研究阶段。周东等人分析了膨胀土的胀缩机理,通过调查发现可以利用某些微生物的助滤、疏水作用或改变黏土矿物表面电荷电性的特性,削减结合水膜的厚度,提高膨胀土的抗剪强度,提出将生物技术引入膨胀土改良问题中,可根据不同类型的膨胀土筛选出生命力强、能消除或显著减弱土的胀缩性,且能促进自然生态环境良性发展的菌种。杨和平等从微生物化学、微生物物理学及工程地质学角度,较为系统地分析了微生物对岩土工程性状的影响及其作用机理,提出采用微生物技术对膨胀土进行土质改良的思考,并初步分析了实施该技术的可行性。马光庭等人采用选择性固体培养基稀释平板法从农田土壤和膨胀土中分离出对膨胀土自由膨胀率有抑制作用的菌株 81 株,进行了改良膨胀土菌种的分离筛选及其特性的研究,自由膨胀率最高可下降 33.57%。

1.2.4 固体废弃物改良膨胀土

1. 粉煤灰改良膨胀土

粉煤灰是一种工业废料,属于富含黏土矿物的硅质材料,由多种氧化物组成,一般粉煤灰的化学成分主要为 SiO_2,Al_2O_3 和 Fe_2O_3。粉煤灰加入膨胀土中发生离子交换和团粒化作用、碳酸化作用、胶凝作用等。掺入粉煤灰可改善土体的水稳定性,其活性指数、胀缩性指标也会随掺灰率的增加而降低。粉煤灰作为工业废渣广泛分布于我国各个城市的火力发电厂之中,储量非常巨大。科学、合理地利用粉煤灰,不仅可减少工业废料的占地面积和公路建设时的取土毁地面积,而且能够提高能源的利用率,实现可持续发展。

2. 掺绿砂改良膨胀土

绿砂又被称为铸造废砂(Waste Foundry Sand),简称为 WFS。绿砂产生于砂型铸造,全国每年的废砂大约有 $1\,000 \times 10^4$ t,除少量废砂再生回用外,大部分以丢弃为主。张鑫等人针对膨胀土路基的胀缩问题,围绕绿砂及膨胀土、绿砂混合物进行一系列室内试验,探讨了绿砂作为公路膨胀土路基改良剂的可行性。研究表明:绿砂改良膨胀土胀缩性有明显效果,绿砂改性膨胀土的最佳掺和比应为 20%。

3. 电石渣改良膨胀土

电石渣是工业制乙炔生成的废料,它的主要成分为 CaO 和 MgO 及少量的无机和有机杂质(如硫化物、氧化铝、二氧化硅等),具有较强的保水性。在掺入电石渣后,膨胀土通过离子交换作用降低了土的塑性和膨胀性,结晶作用、硬凝反应和碳酸化作用使得土体的强度提高。电石渣改良膨胀土是一种改良效果好、成本低、原料易得的方法。

4. 碱渣改良膨胀土

碱渣是氨碱法制碱生产过程中排放的废弃物,据统计,每生产 1 t 纯碱,大约排放 10 m³废液,其中含废渣 300～600 kg。碱渣的排放堆积不仅占用了大量的土地,还造成了环境和水体的污染。碱渣中含有大量的 $CaCO_3$,CaO 可作为改良膨胀土的有效矿物成分。孙树林等人通过室内试验,探讨利用碱渣对膨胀土改良的可行性、改良效果和碱渣改性土的基本物理力学性质和膨胀性。研究结果表明,碱渣改性土的黏性成分的含量降低,粗颗粒含量增加,相对密度、液限、塑性指数、自由膨胀率、有荷膨胀量均呈明显减小趋势,改良后的膨胀土无侧限抗压强度和抗剪强度都显著提高,碱渣对膨胀土膨胀性的改良有显著效果。

5. 煤矸石改良膨胀土

煤矸石作为一种排放量较大的固体废弃物,其化学成分与石灰相似,都含有大的 Ca^{2+},Mg^{2+},Al^{3+} 等高价离子,将煤矸石磨成细粉,掺入膨胀土中,可对膨胀土进行改良。郭利勇等人对素膨胀土以及煤矸石改良后膨胀土混合料的基本物理性质、胀缩特性、击实特性、力学特性等进行了室内对比试验,研究了掺煤矸石粉后膨胀土的改良效果。

6. 矿渣复合料改良膨胀土

矿渣复合料主要由矿渣及部分固化剂和少量激活剂三种材料组成。在矿渣复合料掺入土中后,除了加固剂起部分加固作用外,主要是激活剂使潜在水硬性的矿渣激活,使之成为水硬性的加固材料。矿渣和加固剂水化后产生 $Ca(OH)_2$ 使膨胀土颗粒表面产生阳离子交换,吸附 Ca^{2+} 离子,其他水化物与膨胀土发生凝硬反应,从而使膨胀土的团聚体强度增加;矿渣和加固剂的浆液水化后,在团聚体间产生多种水化物凝胶,因而起到包裹和胶结膨胀土团聚体,起到改良膨胀土的作用。矿渣是一种工业废料,利用矿渣改良膨胀土,可变废为宝,降低工程造价,减少对环境的影响。

7. 废弃秸秆灰渣改良膨胀土

张德恒对秸秆灰渣改良膨胀土进行了试验研究。研究表明,利用秸秆灰渣改良膨胀土可有效地改善膨胀土的工程性质,降低膨胀土的三维自由体膨胀应变、三维自由体收缩应变,同时降低了膨胀土的膨胀力,提高膨胀土的工程特性。利用秸秆灰渣改良膨胀土既降低了工程造价,又使得农业固体废物得到妥善处理。

8. 废弃轮胎胶粉改良膨胀土

废弃轮胎胶粉具有特殊的交联网状结构,其主要化学成分为天然橡胶和合成橡胶,主要添加剂有硫黄、炭黑、氧化硅、氧化铁、氧化钙等。胶粉是一种以无机填料填充的、具有一定交联度的弹性体。掺入废弃轮胎胶粉,膨胀土的内摩擦角和黏聚力得到提高,从而起到改善膨胀土的力学性能,提高抗剪强度的作用。利用废弃轮胎胶粉改善膨胀土的工程性质,可提高资源的循环利用,减少废弃轮胎对环境的潜在影响。

9. 工程弃渣改良膨胀土

在实际工程中,会产生大量的工程弃渣,采用弃渣等粗粒土来改良膨胀土,既可降低造价,又可减少施工弃渣对环境的破坏,是一种经济的方法。冯怀平等人通过室内试验、现场检测,对工程弃渣改良膨胀土路堤的工程特性进行研究,给出改良土的最佳配比、合理摊铺厚度以及压实工艺。

1.3 膨胀土改良存在的主要问题

随着土质加固和地基处理的工程实践和发展,人们在改良土的工程性质的同时,也进一步推动了地基处理和土质加固技术方法的不断更新。尤其近几十年来,由于我国工程建设规模不断扩大,在工程建设中也遇到了越来越多的膨胀土问题,在土质加固和地基处理的应用过程中,碰到了不少实际问题,通过不断总结经验教训,膨胀土改良技术不断提高和发展。

从国内外的报道及膨胀土改良技术在工程中的应用情况来看,膨胀土改良技术存在以下几个方面的问题:

(1)膨胀土改良技术虽然多种多样,但实践证明,没有任何一种改良技术是万能的。对于每一个具体工程都要具体分析,根据其土质条件,以及工程要求、施工期限、施工器具、改良成本、改良方法所适用的范围等因素来选定特定的土质改良方法。在具体情况中,可以选择单一的,也可以两种或多种方法联用,或者分为前期和后期进行改良。每一种改良方法都有其使用范围和局限性,因此正确选择适合的土质改良方法非常重要。

(2)改良技术的经济性。在实际工程中,对膨胀土进行改良时除了适用性,最应该考虑的就是成本问题。特别对于我国现在的国情,在保证安全的情况下,经济实惠的改良方法是特别需要的,如果脱离经济这一重要指标,纵使方法效果再好,也无法应用于实际工程中。

(3)改良技术的时效性。当今社会正处于飞速发展的时段,时间就是效益,每一个工程都希望能提前竣工,抢工期已经非常普遍,因此缩短改良时间,在最短的时间内对膨胀土进行改良也是目前膨胀土加固技术中亟待解决的问题。

(4)目前,膨胀土改良技术以及地基处理技术领域,主流的方法仍然是采用物理手段,如压密、挤密、排水等来改变土体的力学性质和稳定性,不但成本耗费大而且没有改变土质固有的性质。近年来,化学方法在岩土工程领域方面有了较大发展,从古老的石灰,到新近的表面活性剂材料,在改良膨胀土方面取得了重大的进展。化学方法能改变土质固有的性质,重构优化土的结构,从而改善土的强度和变形性质,提高土体的水稳性,使许多不良土体以及达不到使用标准的土质能够为我所用。

(5)在利用各种改良剂对膨胀土进行改良达到工程建设要求的同时,这些改良剂对周围的环境尤其是地下水造成的污染也已经成为社会关注的问题。随着人类文明的不断发展,环境保护的重要性也在不断提高。如今在工程建设中,已经不是简单的经济、适用了,还要求环保。

1.4　本书主要研究内容

针对膨胀土路基改良的诸多方法中存在的不足之处,如石灰改良膨胀土会污染地下水,粉煤灰改良膨胀土需要的用量比较大,水泥改良膨胀土在改良膨胀性上的作用不强,本书以膨胀土改良机理为出发点,拟寻求一种新的固体废弃物对膨胀土的改良进行研究。考虑到碱渣中含有很多改良膨胀土需要的活性 CaO 和胶凝成分 $CaCO_3$ 和 $Mg(OH)_2$ 等,且碱渣作为一种工业废料对周边环境有很大的危害,故本书借鉴碱渣已成功地作为路基填垫的经验,探讨用碱渣来改良膨胀土路基的可行性。本书主要是先从膨胀土的基本物理性质指标、强度指标和膨胀性指标三个方面进行大量的室内试验,然后和经过碱渣改良后的碱渣改性土的基本物理性质指标、强度指标和膨胀性指标进行比较分析,最终综合这三方面的因素,得出碱渣改良膨胀土的最佳掺量和通过敏感性分析确定影响改良的主要、次要因素。最后,通过改良前后的膨胀土的化学成分和矿物成分对膨胀土的改良机理进行探索分析。技术路线如图 1.1 所示,主要工作内容如下:

(1)采集试样。土样采自南京市卫岗地区,该地区主要分布的是可塑、硬塑的下蜀组黄土,具有弱~中等膨胀性质,碱渣来自天津碱渣厂。

(2)首先通过室内试验确定两种试验材料的基本性质,然后再考虑试验影响因子和实际工程中所需要满足的工程指标的前提下,通过正交试验法确定试验方案。

(3)根据试验方案,对膨胀土的基本物理性质指标、力学性质指标和膨胀性指标进行改良研究。基本物理性质试验包括颗粒分析试验、液塑限试验和密度试验;力学试验包括击实试验、无侧限抗压强度试验和直剪试验；膨胀性试验包括自由膨胀率试验、无荷膨胀量试验和有荷膨胀量试验。

（4）根据以上三个方面的试验结果，综合确定碱渣改良膨胀土的最佳掺量，并对试验过程中的影响因素进行研究，以确定其变化规律，为实际的膨胀土路基改良提供一定的依据。

（5）针对膨胀土强度的影响因素进行敏感性分析，以确定影响膨胀土强度的主要、次要因素。

（6）根据膨胀土和碱渣改性土的化学成分和矿物成分对比，结合室内试验对碱渣改良膨胀的改良机理进行初步探索。

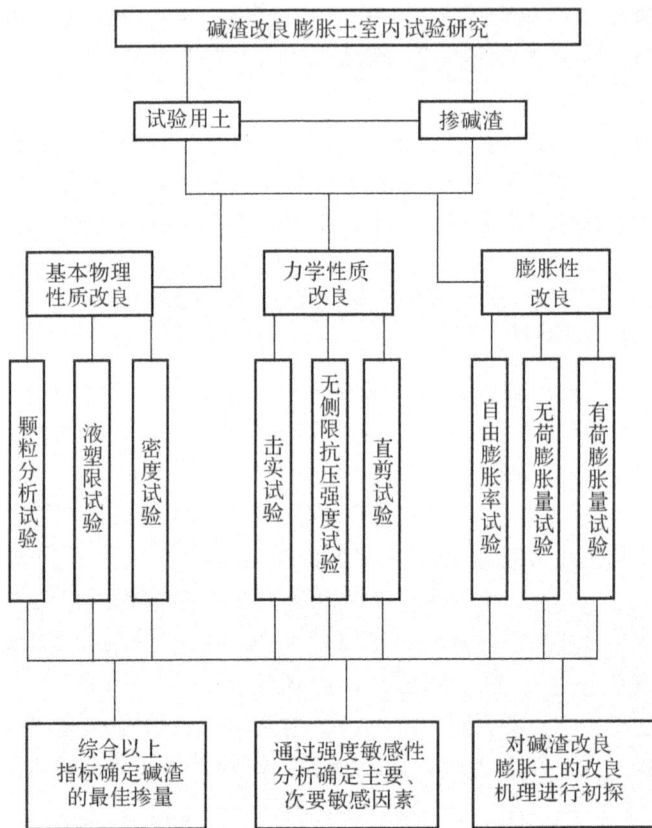

图 1.1　技术路线图

第2章 温湿状态对压实弱膨胀土变形性能的影响

收缩变形是膨胀土土样变形的重要组成部分,大量的工程实践与现场的直观经验表明,在收缩过程中,由于土样所处的温度、湿度不同,膨胀土表面裂缝的开展及拓展也存在明显的区别,这必然影响土体的变形性能。因此,研究不同温度湿度下膨胀土土体的变形,对于合理确定膨胀土的路基填筑部位及路基的相关控制指标十分重要。

本章主要研究温度、湿度及脱湿方法对土样变形性能的影响,通过设置不同脱湿环境的室内试验,研究温度、湿度对压实弱膨胀土变形性能的影响,通过室内试验设置不同的脱湿方法,模拟路基不同部位的脱湿路径,研究在相同温度、湿度下,不同脱湿方法对膨胀土变形特性的影响,主要研究内容如下:

(1)温湿状态对均匀脱湿方法下土样变形特性的影响。

(2)相同温湿状态下,脱湿方法对土体变形性能、各向异性系数的影响。

2.1 压实膨胀土脱湿收缩机理及过程

2.1.1 压实膨胀土脱湿收缩机理

脱湿收缩实质上是在温度、湿度等因素的作用下,由于含水率的减小而造成土体内部的颗粒分布及作用力变化,从而造成土体的体积减小而密实度不断增加的过程。脱湿收缩是在环境因素的影响下,土体内部的自身内力下发生的,与上覆压力下土体的体积变小而干密度变大的压缩过程的变形机理存在着很大的区别。

对处于饱和状态的压实弱膨胀土而言,大量以游离形态存在的水填充于土体内部空隙中,当土体的环境温度较高或者相对湿度低于土体的相对湿度时,空隙内部的游离水通过土体的自由表面离开土体,从而产生土体水分的蒸发,土体空隙内部游离水的蒸发导致了土体体积的收缩变形,土体在不同阶段的收缩变形机理如图 2.1 所示。

土体内部存在土体颗粒及游离水(见图 2.1(a)),在蒸发脱湿的过程中随着水分蒸发的持续,在土体的自由表面产生了一定的表面张力,在土体表面张力的作用下,在土体颗粒之间的游离水面产生了一定的弯液面,进而在土体内部产生了空隙水压力(见图 2.1(b))。毛细水压力的大小与表面张力成正比,与弯液面的曲率半径成反比,相对大气压力,毛细水压力一般为负值(见图 2.1(c))。在毛细水压力及表面张力的共同作用下,土体颗粒相互靠拢,土体颗粒之间的间距逐渐减小，孔径也逐渐减小，在宏观上表现为土体体积的减小、密度的增大（见图2.1（d））。

但对于黏粒含量较大的细粒土而言，毛细水只是其中液相的一部分，除此之外，由于黏土矿物的水化作用，土体颗粒的表面还覆盖一层结合水膜，毛细水压力主要存在于直径为0.002～0.5 mm的空隙中，且当环境的相对湿度小于40%时，毛细水压力消失，此后土颗粒之间通过结合水膜进行黏结。

因此，当空隙中充满结合水时，土体的收缩变形主要是随着黏土矿物扩散层中的渗透结合吸附水和次定向吸附结合水的不断减少，扩散层厚度超薄以及水胶黏结力的增大而不断发展，其相关收缩变形机理还有待深入研究。土体收缩变形过程如图2.1所示。

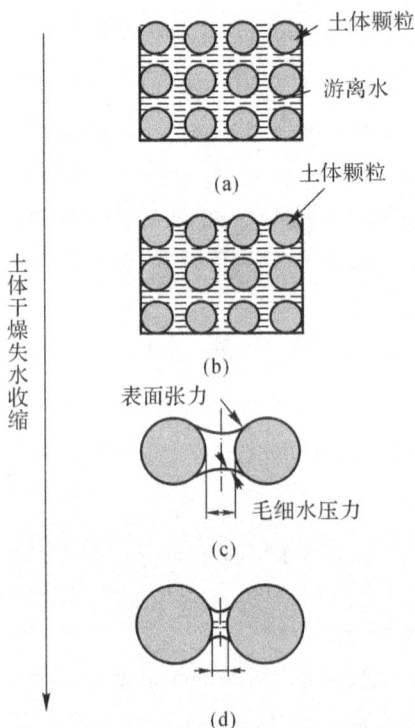

图2.1　土体干燥失水收缩示意图

2.1.2　土体脱湿收缩过程

唐朝生等人进行了全含水率断面的土样收缩试验，建立了含水率、饱和度与孔隙比之间的关系曲线，栾茂田等人进行了重塑非饱和土的收缩试验，建立了基质吸力与收缩指标之间的关系。从脱湿收缩的过程上来看，两者脱湿过程的研究结论基本类似，均将脱湿收缩的过程分为三个阶段,现将典型的脱湿曲线绘制于图 2.2。

图 2.2 所示土样收缩的整个过程来看,土样的孔隙比与含水率的关系存在两个明显的转折点,第一个转折点的含水率在土样进气点含水率附近,而第二个点在土样的缩限含水率附近,具体含水率数值与土样的土质土性及脱湿环境密切相关。土样的缩限表征土样体积不再变化的含水率,但土体的含水率降至缩限后土样的体积不再发生变化。

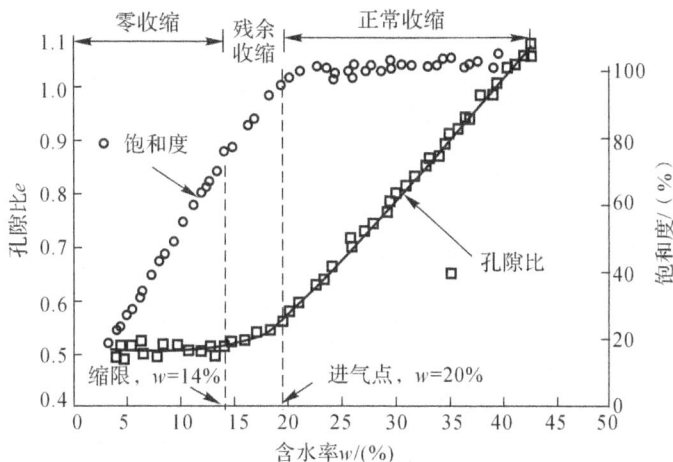

图 2.2　膨胀土的典型收缩曲线

从图中可以看出土体的收缩过程可以分为以下三个阶段:

(1)第一阶段:当土样含水率大于进气点含水率时,土样的孔隙比随着含水率的减小而线性减小,说明土体的收缩与含水率的变化成正比,土体处于正常收缩阶段,结合土样的饱和度变化曲线可以看出,此阶段土体的饱和度不变,基本保持为 100%,从另一个方面说明了土体体积的收缩量与失水的体积相同,土体体积的减小主要是由于土体的内部含水率的减小引起的。

(2)随着蒸发脱湿的继续,土体含水率继续减小,当含水率小于进气值时,此时空气进入土体中,土体进入残余收缩阶段,土样的收缩曲线呈现明显的下凹趋势,土体体积的收缩程度随着含水率的减小逐渐减缓,土体体积的收缩量小于失水的体积。这是由于随着吞噬进程的进行,土体内部游离水逐渐减少,土体内部土颗粒之间的吸附水化膜变薄,从而造成土颗粒之间的连接力变大,土体内部土颗粒之间的吸附水化膜外,土体进入此阶段后土体吸力迅速变大,极大地增加了土体之间的有效应力及结构强度,造成了土体抗变形能力的加强。

(3)当土样继续脱湿至含水率小于缩限后,土体颗粒之间直接接触,土体结构处于密实状态,土体的孔隙率不随含水率的减小而变化,土体的收缩量不变。

从土体的脱湿收缩机理及过程可以看出,土体的收缩与土体在上覆荷载下的压缩的变形机理及过程均有所不同,土体的收缩主要由于土体内部水分的蒸发及土体内部各作用力的变化引起,而土体的工作环境如湿度、温度的影响较大,温度湿度主要通过影响土样在干燥收缩中水分的蒸发速率及剖面蒸汽的扩散速率而影响膨胀土土样的变形性能。

基于上述分析,本章采用恒温恒湿箱,通过控制其温度、湿度等工作参数,实现膨胀土在不同温度、湿度条件下的脱湿收缩,借助土体收缩仪等器材,研究膨胀土土样在不同温度、湿度条件下的变形性状。

2.2   温度、湿度对土体收缩变形的影响

2.2.1   试验土样

试验土样来自高淳胥河东坝段边坡南岸的某取土坑,取样深度为清除表面覆土后 1~1.5 m,呈灰白色,可塑且黏性较强,天然含水率较高,土体裂隙面呈现蜡状光滑,从土样的这些特征可以看出,此土样具有典型的土特征。将取出的土样进行相关土性参数试验后得到的相关试验参数见表 2.1,图 2.3 所示为土样的颗粒级配图。

表 2.1   土性参数表(重型击实)

液限/(%)	塑限/(%)	塑性指数	胀缩总率(%)	自由膨胀率(%)	最大干密(g.cm³)	最优含水率(%)
56	25	31	1.71	50	1.83	16.5

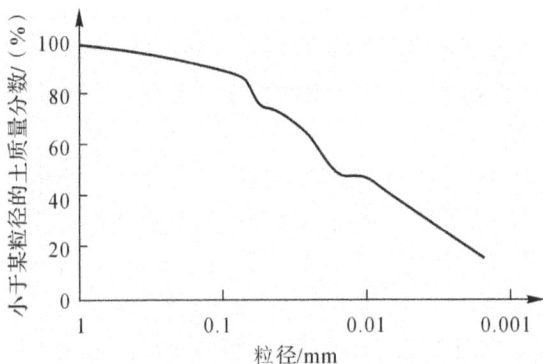

图 2.3   土体的颗粒级配

表 2.2 为相关文献对膨胀土潜势判别标准的分类。根据表 2.2 并结合本书试验用土的试验参数,可以判定此膨胀土为高液限弱膨胀土。

表 2.2　膨胀土膨胀潜势判别标准

指标	膨胀潜势等级		
液限/(%)	40～50	50～70	>70
塑性指数/(%)	18～25	25～35	>35
自由膨胀率/(%)	40～65	65～90	>90
5 μm 颗粒含量/(%)	<35	35～50	>50
胀缩总率/(%)	0.7～2.0	2.0～4.0	>4

2.2.2　试验方案

文献对广西某膨胀土边坡不同位置、深度及突破表面状态的温度进行了检测,检测结果显示,不同季节土体的温度随深度的变化不同,夏季土体温度随深度的增大而减小,冬季相反。土体越深,温度变化幅度越小,比较不同坡面位置的温度后可知,土体表面的温度基本与气温相近,在 10～35℃ 之间,变化幅度较大,而在 1.6 m 深度的土体温度变化为 20～35℃。文献也对合肥地区不同深度的地温进行统计,得出大气温度对地温的影响较大,随着深度的增加,地温的变化具有明显的滞后性,统计深度范围内的变化范围在 3～35℃ 之间。

对于路基内部的湿度变化,目前还较少开展,还没有见到相关报道。本章选取大气环境中具有代表性的温度及湿度环境,作为土样的脱湿环境,对土样在不同温湿状态下的变化性状进行研究。通过设置表 2.3 温度及湿度的试验环境,研究不同湿度、温度对膨胀土收缩变化性能的影响。

表 2.3　试样制备的脱湿环境

25℃下不同湿度的环境参数			75%湿度下不同温度的环境参数		
试验方案	温度/℃	湿度/(%)	试验方案	温度/℃	湿度/(%)
方案 1		30	方案 1		15
方案 2	25	60	方案 2	75	25
方案 3		75	方案 3		35
方案 4		90			

将土敲碎过 2 mm 筛,按照重型击实的最优含水率 16.5% 拌制图样,装入塑料袋中扎紧放置 24 h,使其水分分布均匀,按照《土工试验规程》收缩试验的相关制样方法压制最大干密度

为 $1.83\ \mathrm{g/cm^2}$ 的试样,每种脱湿环境压制两个平行试样。

将压制完成的试样浸水饱和 24 h,为防止浸水过程中土样破坏,在浸水过程中,使得水面低于透水石表面 5 mm 左右,将浸水饱和后的土样装入收缩仪中,与此同时,将装有土样的收缩仪放入恒温恒湿箱中进行收缩试验,恒温恒湿的温度、湿度按照表2.3设定。

由于不同土样经过饱和后的饱和含水率不一致,本次试验的饱和含水率基本在 $44\%\sim46\%$ 之间,考虑到试验过程起始状态含水率的一致性,文中试验土样的起始含水率采用所有土样饱和含水率的平均值 44.9%。

在收缩试验进行的过程中,每隔一段时间称取土样的质量并读取百分表的读数,直到土样脱湿至含水率变化稳定后停止试验,通过土样质量的减少值计算土样含水率的变化,通过百分表的读数计算土样的线收缩率。由于脱湿后期两次称取土样间隔的时间较长,因此,在收缩稳定的认定上以连续两次土样在 24 h 内的含水率变化小于 0.1% 时认为土样脱湿收缩稳定。

2.2.3 温度、湿度对土体收缩变形的影响

为研究温度、湿度对压实弱膨胀土收缩变形的影响,绘制不同温度、湿度下压实弱膨胀土在不同脱湿阶段的含水率与线收缩的关系,如图2.4及图2.5所示。

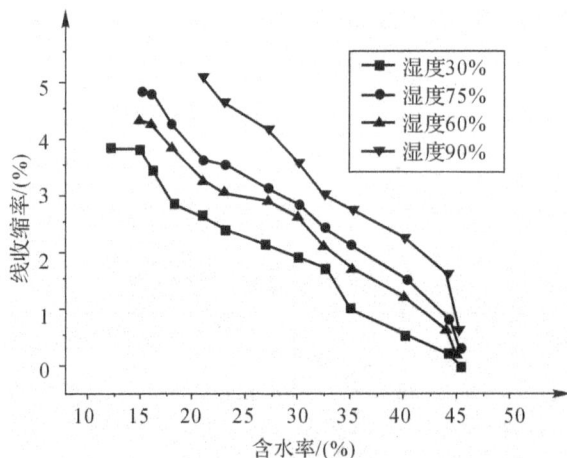

图 2.4 不同湿度下含水率与线收缩率的关系图

从图 2.4 可以看出,在脱湿收缩前期,压实弱膨胀土土样,线收缩率随着含水率的减小逐渐增大,在脱湿至一定含水率后,土样的脱湿曲线出现了明显的转折。继续进行脱湿试验时随着含水率的减小,膨胀土线收缩率仍然有所增加,但增加幅度明显减小。李雄威、杨和平等人通过研究认为饱和膨胀土土样的线收缩率随着重力含水率减小而呈线性增大,在含水率减小至进气点含水率之后,线收缩率随含水率减小而增大的幅度也大幅度降低,与本书试验结论反

映同一现象。对于 90% 湿度的土样,本书的试验结论仅得出线收缩率随着重力含水率的减小而线性增大,与其他学者的试验结论不符,主要原因是在 90% 的湿度下,土样的脱湿速率较慢,文中脱湿终点含水率未达到土样的进气点含水率,将图中含水率与线收缩率的关系采用两段直线拟合,如图 2.4 所示。

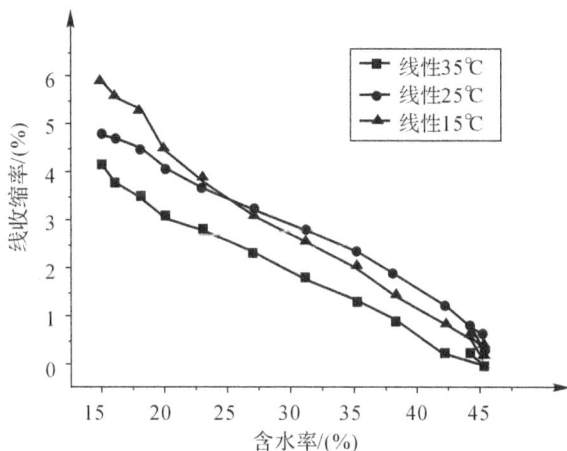

图 2.5　不同温度下含水率与线收缩率的关系图

图 2.5 所示为不同温度下的含水率与线收缩率的关系图。图中相同温度下的线收缩率与含水率的关系与温度类似,均随着含水率的减小,线收缩率逐渐增大,当含水率减小至进气点含水率时,曲线出现转折点。继续进行脱湿试验,土体的线收缩率增大幅度明显小于进气点含水率之前。线收缩率不一致,膨胀土土样典型的脱湿过程曲线分为三段,即正常收缩、残余收缩及收缩稳定阶段,而本书的脱湿收缩曲线只存在两段,造成这一现象的原因为,典型脱湿曲线的含水率一般减小至缩限含水率以下,本书土样的收缩过程只出现前两个阶段,即正常收缩阶段与残余收缩阶段。而对于土样残余收缩阶段的脱湿曲线,典型的脱湿曲线表现出明显的线性特性,而本书残余收缩阶段的曲线的线性特性表现得更加明显,这主要是由于本书主要研究轴向线性收缩,没有考虑土样的径向收缩。

分析图 2.4、图 2.5 后易知土体在不同温度、湿度的环境下土样的线收缩率变化不同,此处定义单位含水率的线收缩率变化量为线收缩率系数,即图中直线斜率的绝对值。

从图 2.4、图 2.5 所示的线收缩率与含水率的关系图不难发现,对于相同温度及湿度的压实膨胀土,当含水率小于进气点的含水率时,土样的体积依然会发生一定的收缩变化,但脱湿前期的线收缩系数明显大于脱湿后期的线收缩系数。这主要是由于在土样进气点之前的正常收缩阶段,土样的收缩主要是由土体中游离水的蒸发造成的,而当土体含水率低于进气点时,此时空气进入土体中。随着土体体积的减小,土颗粒之间的间距变小,水花膜变薄,土体颗粒之间的相互黏结力变大,因此,土体颗粒重组的阻力变大。土颗粒抵抗变形的能力增大,单位含水率变化下土样的线收缩率减小,土样收缩的线收缩系数变小。

分别采用 λ_{r1},λ_{r2} 表示脱湿至进气点含水率之前与之后的土样线收缩系数,容易获得土样的两段线收缩系数与温度及湿度的变化关系(见图 2.6 和图 2.7)。

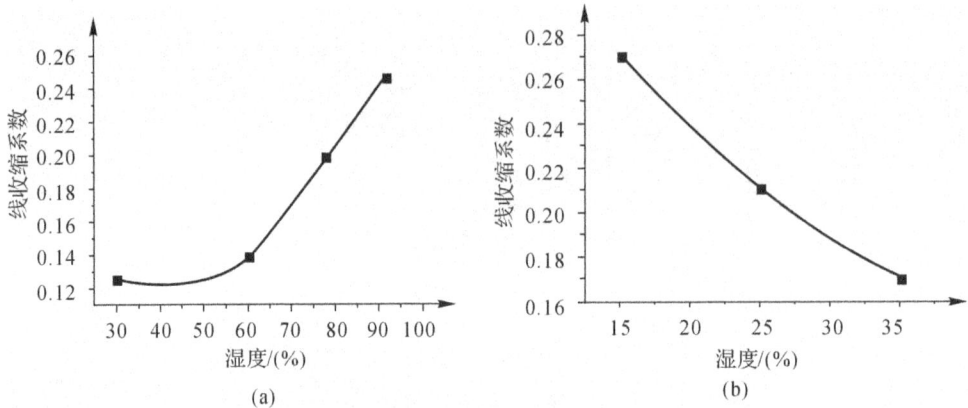

图 2.6　温度、湿度与 λ_{r1} 的关系

(a)湿度与 λ_{r1} 的关系图;　(b)温度与 λ_{r1} 的关系图

由图 2.6 可知,线收缩系数 λ_{r1} 随着湿度的增大而增大,随着温度的增大而减小,这主要是由于在相对较低的温度及较高的湿度下,土体水分的蒸发速率较慢,土颗粒之间有充分的时间进行重组,土颗粒的重组充分完全,在相同含水率变化下土体线收缩率较大,即土体的线收缩系数较大。

由图 2.7 可知,线收缩系数 λ_{r2} 随温度、湿度的变化规律与 λ_{r1} 相反,线收缩系数 λ_{r2} 随着湿度的增大而减小,而随温度的增大而增大,这主要是由于在土样脱湿至进气点含水率后,由于土体内部含水率的减小,土颗粒之间的水膜厚度变薄,土颗粒之间的间距逐渐减小,影响土体变形的主要因素由土体内部水分的蒸发转变为由于土颗粒之间水膜的变薄而造成的水胶黏结力的增大。造成线收缩系数 λ_{r2} 随温度、湿度的变化规律最有可能的原因,是温度、湿度对土体水胶黏结力产生了一定的影响。目前对于土体中水胶黏结力的研究尚不多见,有关研究有待进一步开展。

压实膨胀土的收缩变形主要集中在脱湿收缩的前期,在含水率减小至残余变形阶段后,土样仍然有一定程度的收缩,但收缩量的大小远小于正常收缩阶段,且当压实膨胀土用于路基铺筑时,除路基最表面处于极端气候外,一般较少脱湿至进气点后,因此,正常收缩阶段的线收缩率从某种程度上决定了土最终线收缩率的大小。

由图 2.7 可以看出,不同温度及湿度状态土样进气点所对应的线收缩率不同,将图 2.4 及

图 2.5 中相同环境下两直线交点的线收缩率和不同温度、湿度与收缩曲线进气点线收缩率关系拟合于图 2.8 中。

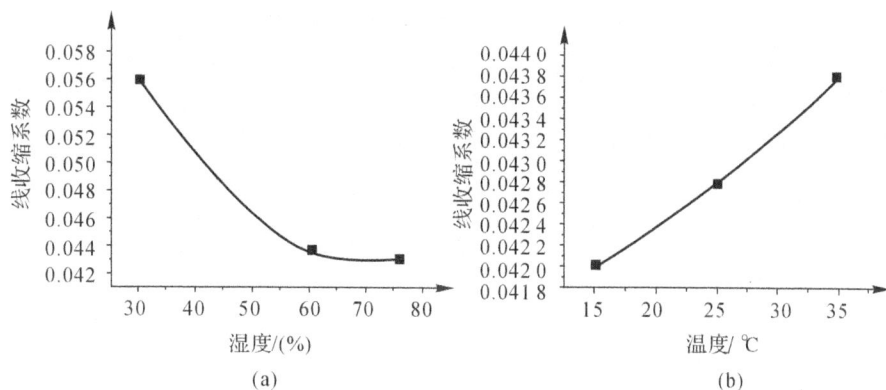

图 2.7　温度、湿度与 λ_{r2} 的关系

(a)湿度与 λ_{r2} 的关系图；　(b)温度与 λ_{r2} 的关系图

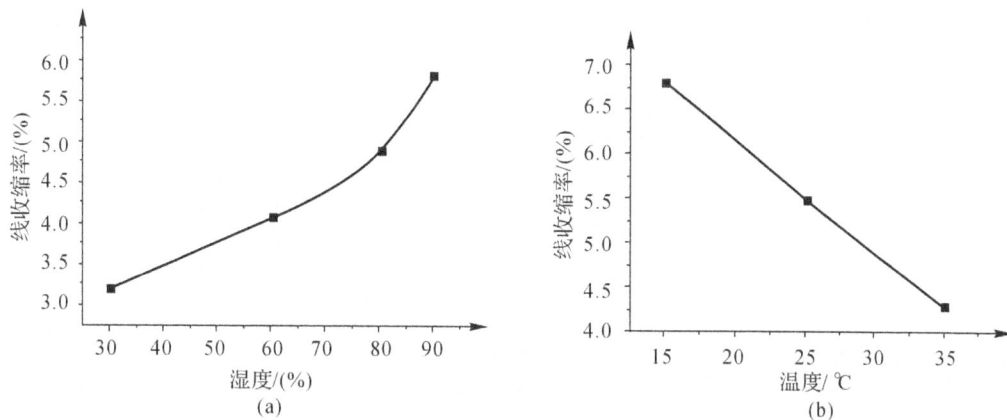

图 2.8　温湿状态与线收缩率的关系图

(a)湿度与进气点线收缩率的关系图；　(b)温度与进气点线收缩率的关系图

由图 2.8 可见,土体的透气点线收缩率随湿度的增加而逐渐增加,随着温度的增加而逐渐减小,这主要是由于在土体正常收缩阶段,不同温度及湿度下水分的蒸发作用不同,土体内部在不同温度及湿度下的相对蒸汽压与土体总吸力的平衡点不同,造成了当土体颗粒平衡时,土颗粒之间的水膜厚度不同。因此,土颗粒之间的间距不同,土样收缩后的体积也不相同,线收缩率也必然不同。高燕希等人对非饱和土吸力的温度性质进行了研究,得出了土体的吸力随温度增加而减小的规律。从中可知温度的增加减小了土体颗粒之间的黏结力,从而造成

了土体颗粒之间平衡间距的增大,客观上造成了土体线收缩率的减小,这与本书的试验结论一致。而对于湿度对土体相关作用力的影响,目前还没有见到相关报道。关于湿度和线收缩率的相互关系,最有可能的原因是由于环境湿度的减小造成土颗粒间吸力的减小,从而造成土体线收缩率的减小,但还需要进一步的研究证明。

含水率变化是土体收缩最根本的原因,对于压实土膨胀而言,饱和状态的含水率基本一致,在正常收缩阶段,由于土体所处环境不同,土体的表面张力及毛细压力也不相同,土体颗粒达到平衡时的含水量也不相同,分别对不同温度、湿度与进气点含水率的关系分析如图2.9所示。

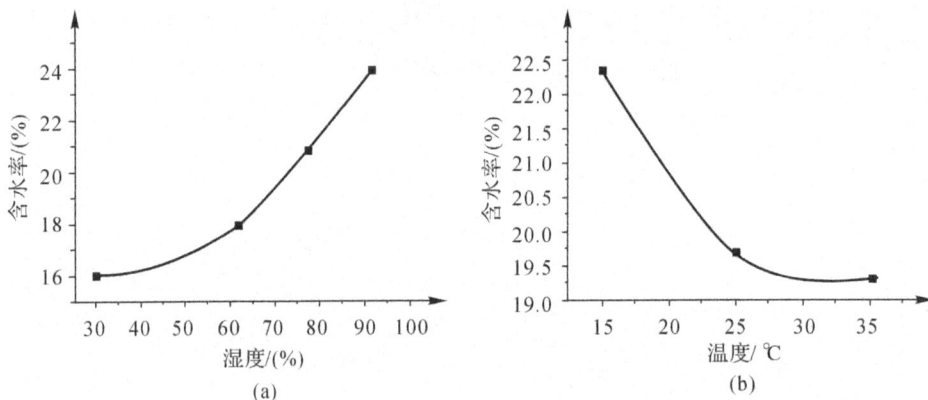

图 2.9　含水率与温度、湿度之间的关系图
(a) 湿度与进气点含水率的关系图;　(b) 温度与进气点含水率的关系图

图 2.9(a)(b)为在不同温度与湿度状态下土样的进气点含水率与温度、湿度之间的关系图,根据图 2.9(a)(b)可知土样的进气点含水率随着湿度的增加而增加,随着温度的增加而减小,表明在不同的脱湿环境下,土样的进气点含水率不同。

在正常收缩阶段,由于水分的蒸发产生土样的收缩,土样的体积收缩量与水分的体积减小量应该相同,但将图 2.4 和图 2.5 转化为体积收缩量后,与含水率的体积减小量存在一定的差异。造成这一现象的原因主要有两点:

第一,膨胀土的收缩既包括土样的轴向收缩也包括土样的径向收缩,本书主要研究了土样的轴向收缩,而未考虑土样的径向收缩,客观上减小了土样的实际体积收缩量。

第二,本书实验土样过 2 mm 筛,尽管原状土的微观结构受到了一定程度的破坏,但土体内部在微观上仍然具有一定的双重结构特性,即团聚体间的结构与团聚体内的结构,由于团聚体的尺寸相差较大,团聚体之间除了容易形成空洞外,还会形成较大的宏观空隙(见图 2.10(a))。而团聚体内部一般由排列比较紧致的黏性土组成,彼此之间形成微小的微观空隙(见图 2.10(b))。在土体干燥收缩的过程中,由于团聚体构成了土体的骨架结构,微观结构或者团聚体自身的收缩不能通过土体的宏观变形得以完全反映,试验所测得的变形主要来自于土体的宏观空隙变化,小于真实变形量。

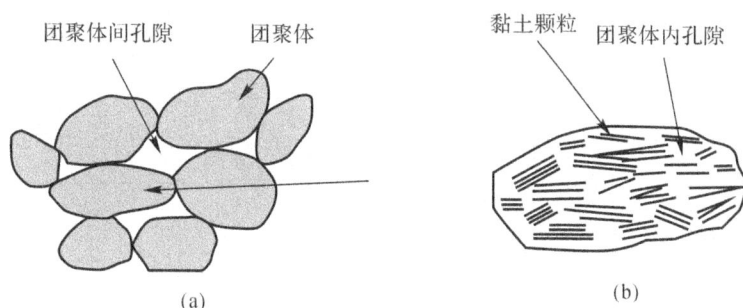

图 2.10　团聚体结构示意图

2.3　温度、湿度对土样膨胀潜势的影响分析

膨胀土土样的膨胀潜势决定膨胀土浸水后可能产生膨胀量的大小,膨胀潜势越大土样可能产生的膨胀量也越大,土样的破坏性能越强。文献对膨胀潜势定义为在一定上覆压力约束侧向变形的条件下土体浸水饱和后的膨胀量。目前用于评价土体膨胀潜势大小的指标主要为有荷膨胀率、自由膨胀率、线膨胀总率、小于 0.002 mm 颗粒的含量及塑性指数等指标,都是土质土性参数,属于土体的内因,温湿状态对其影响不大。故本书主要从有荷膨胀率、线膨胀总率及土体脱湿后的干密度和膨胀潜势进行研究。

2.3.1　试验方案

将土样敲碎后过 2 mm 筛,按照最优含水率为 16.5% 加入水,拌制均匀后,放入塑料袋中扎紧放置 24 h,使得水分分布均匀。

脱湿试验过程中不断称取土样的质量,以此计算土样的含水率,当土样的含水率达到表 2.4 中目标含水率 0.5% 后,将土样在保湿器中放置 48 h,使其水分分布均匀,然后按照《土工试验规程》用蜡封法测定土样干密度。并用小环刀沿大土样的轴向切取土样,将切取的土样放入固结仪中,分别测定在 25 kPa,50 kPa,75 kPa 的上覆荷载下的有荷膨胀率。

将土样压制成干密度为 1.83 g/cm³ 的大环刀样($d=25$ cm,$h=10$ cm)(见图 2.11),浸水饱和后分成 7 组,每组 12 个土样。为防止在浸水饱和过程中土样被破坏,浸水时的水面高度低于透水石上表面 5 mm 左右,将浸水饱和膨胀土土样放入恒温恒湿箱中脱湿至不同的目标含水率,恒温恒湿箱中的环境设置按照表 2.4(a)(b)进行。

表 2.4 土样的脱湿环境

温度25℃湿度不同						湿度75％温度不同						
编号	湿度/(%)	土样目标含水率				编号	温度/℃	土样目标含水率				
		35%	30%	25%	20%			35%	30%	25%	20%	35%
1	30	3	3	3	3	1	15	3	3	3	3	3
2	60	3	3	3	3	2	25	3	3	3	3	3
3	75	3	3	3	3	3	35	3	3	3	3	3
4	90	3	3	3	3							

图 2.11 大环刀削土样

2.3.2 收缩后干密度分析

干密度是评价土样膨胀潜势的重要指标,初始干密度越大,土样的膨胀潜势越大,通过上文的研究可知,在不同温度及湿度下土体的收缩变形存在差异,造成了收缩后土体干密度不同。

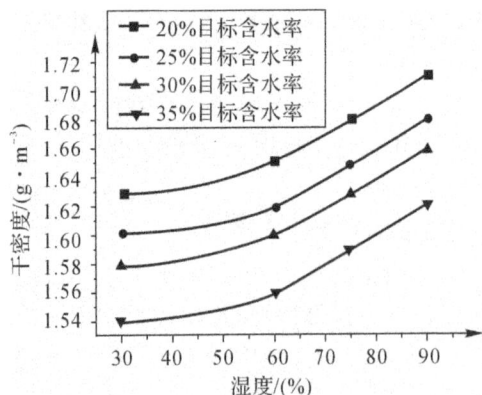

图 2.12 湿度与干密度关系图

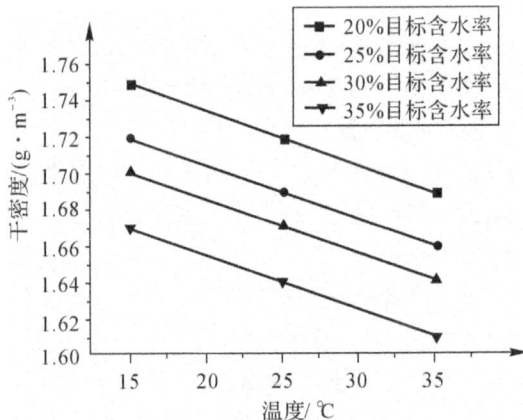

图 2.13 温度与干密度关系图

图 2.12 与图 2.13 分别为不同温度、湿度与脱湿后干密度的关系图。可以看出,将土样脱湿至相同的目标含水率时,随着湿度的增大,土样脱湿后的干密度逐渐增大,而随着温度的增大,土样脱湿后的干密度逐渐减小。这主要是由于在本书脱湿环境下,土样的目标含水率最小为 20%,大于土样收缩的进气点含水率,土样处于收缩曲线的正常收缩阶段。由上文的研究可知,在温度较大或者湿度较小的环境中,土样脱湿至相同目标含水率时线收缩率较小,收缩后土样的体积越大,土体的干密度越小。

从图 2.12 和图 2.13 中还可以看出,在相同温度及湿度下将土样脱湿至不同的目标含水率时,随着目标含水率的增大,土体的干密度逐渐减小,这主要是由于目标含水率越大,土体内部的含水率变化越小,土体的线收缩率越小,收缩后的体积越大,干密度也越小。将不同温度、湿度状态下的湿度、温度与收缩后干密度的关系式列于表 2.5 中。

表 2.5　脱湿后干密度与温度、湿度的关系

目标含水率	湿度		温度	
	拟合公式	相关系数	拟合公式	相关系数
20%	$y=0.001\,4x+1.596\,3$	0.98	$y=0.003\,5x+1.800\,8$	0.99
25%	$y=0.001\,1x+1.580\,9$	0.93	$y=0.002\,5x+1.755\,8$	0.99
30%	$y=0.001\,0x+1.563\,1$	0.88	$y=0.003\,5x+1.750\,8$	0.99
35%	$y=0.001\,1x+1.530\,9$	0.93	$y=0.003\,0x+1.701\,7$	0.96

由表 2.5 可见,温湿状态对脱湿后干密度的影响均呈线性关系,将不同温度、湿度与脱湿后干密度的关系曲线斜率的绝对值定义为温湿状态的影响系数,将不同目标含水率的影响系数绘于图 2.14 中。

由图 2.14 易知,不同温度的膨胀土土样的影响系数均大于不同湿度的影响系数,这表明温度对于土样脱湿后干密度的影响程度大于湿度。这从一个方面表明了蒸发脱湿的温度对土样膨胀潜势的影响大于湿度。

综上所述,土体脱湿后的干密度随着温度的增大而线性减小,随着湿度的增大而线性增大。通过对不同温度及湿度下的影响系数分析可知,温度对土体膨胀潜势的影响大于湿度。这从一个方面表明了压实膨胀

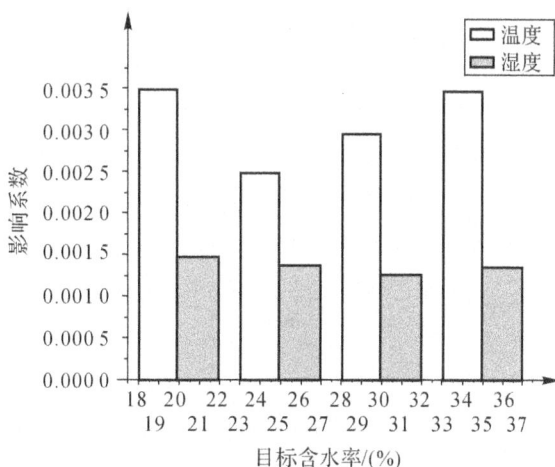

图 2.14　不同目标含水率及温湿状态下的影响系数

土土样在不同温度及湿度环境下,土样收缩后的膨胀潜势不同。温度越大、湿度越小,收缩后的膨胀潜势越小。

2.3.3 土样收缩后的膨胀性试验

有荷膨胀率是评定脱湿后土样膨胀潜势的主要指标,将土样在不同的温度、湿度下脱湿至相同的目标含水率,土体具有不同的膨胀潜势,脱湿后的土样加水膨胀的膨胀量必然也不同。

图 2.15 和图 2.16(a)(b)分别为土样脱湿至不同目标含水率时,进行加水膨胀试验时在不同上覆荷载作用下的线膨胀率与湿度及温度的关系图。

由图 2.15 和图 2.16 可知,在相同的上覆压力及目标含水率下,加水膨胀稳定时的线膨胀率均随着脱湿湿度的增大而线性增大,随着脱湿温度的增大而减小。这主要是由于土样在不同环境中脱湿后,土样的干密度不同,干密度较大的土样加水膨胀变形越大,反之亦然。

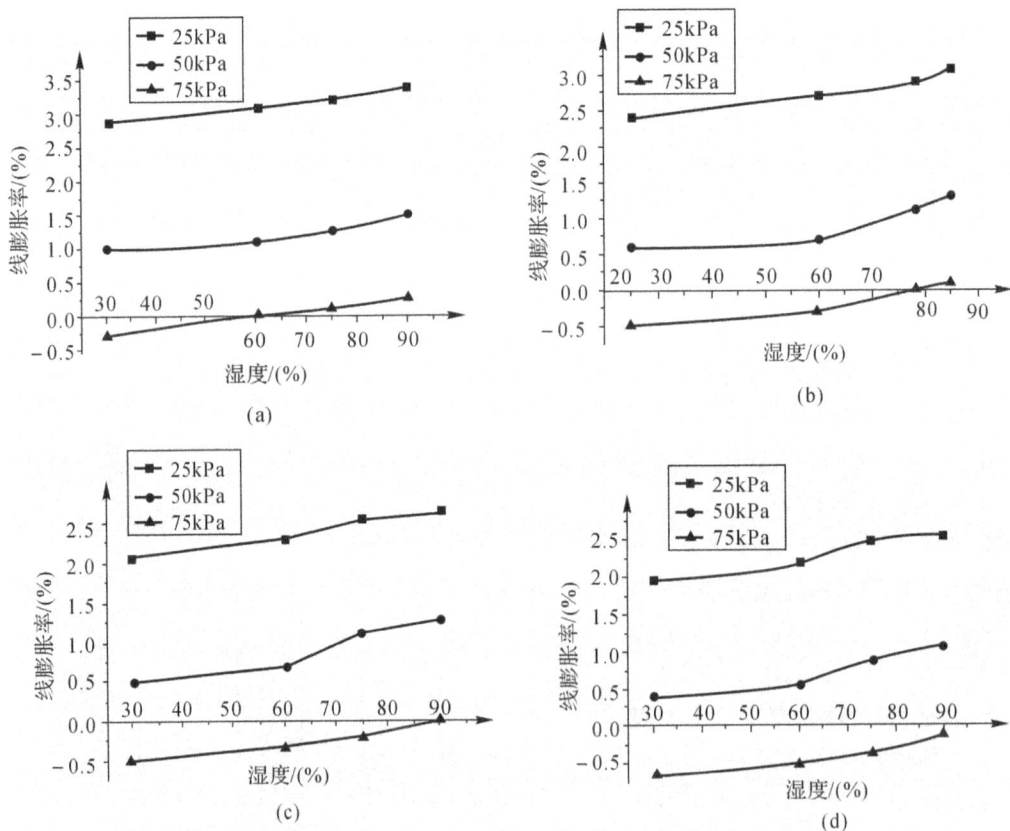

图 2.15 湿度与脱湿后膨胀试验线膨胀率关系

(a)20%目标含水率; (b)25%目标含水率; (c)30%目标含水率; (d)35%目标含水率

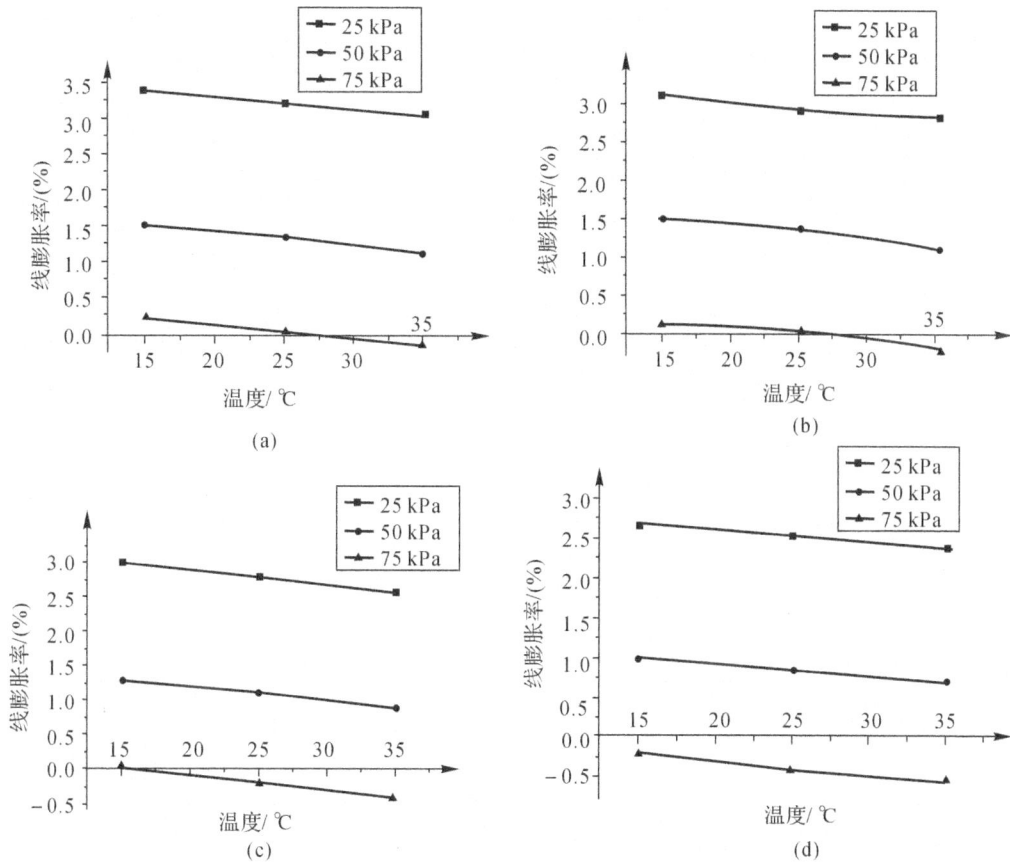

图 2.16　温度与脱湿后膨胀试验线膨胀率关系

(a)20％目标含水率；　(b)25％目标含水率；　(c)30％目标含水率；　(d)35％目标含水率

　　将不同温湿状态与线膨胀率的关系列于表 2.6,将表 2.6 中直线斜率的绝对值定义为线膨率影响系数,将不同温度及湿度状态下的线膨胀率影响系数进行比较,如图 2.17 所示。

表 2.6　温度、湿度与脱湿后膨胀试验线膨胀率关系

目标含水率	上覆压力 /kPa	湿度		温度	
		拟合曲线	相关系数	拟合曲线	相关系数
20％	25	$y=0.006\,5x+2.670\,9$	0.95	$y=0.016\,5x+3.559\,2$	0.99
	50	$y=0.007\,7x+0.693\,1$	0.96	$y=0.015\,5x+1.647\,5$	0.99
	75	$y=0.008\,6x+0.506\,3$	0.96	$y=0.019\,5x+0.524\,2$	0.93

续表

目标含水率	上覆压力/kPa	湿度		温度	
		拟合曲线	相关系数	拟合曲线	相关系数
25%	25	$y=0.010\,6x+2.091\,1$	0.95	$y=0.017\,5x+3.367\,5$	0.98
	50	$y=0.008\,8x+0.396\,6$	0.98	$y=0.013\,5x+1.420\,8$	0.98
	75	$y=0.008\,5x+0.690\,3$	0.99	$y=0.020\,0x+0.416\,7$	0.98
30%	25	$y=0.010\,0x+1.917\,4$	0.89	$y=0.019\,5x+3.244\,2$	0.99
	50	$y=0.011\,3x+0.113\,7$	0.99	$y=0.021\,5x+1.520\,8$	0.99
	75	$y=0.009\,4x+0.921\,1$	0.99	$y=0.020\,5x+0.259\,2$	0.99
35%	25	$y=0.011\,8x+1.624\,6$	0.90	$y=0.015\,5x+2.930\,8$	0.96
	50	$y=0.011\,0x+0.013\,1$	0.99	$y=0.019\,0x+1.301\,7$	0.97
	75	$y=0.008\,3x+0.979\,4$	0.97	$y=0.018\,5x+0.099\,2$	0.96

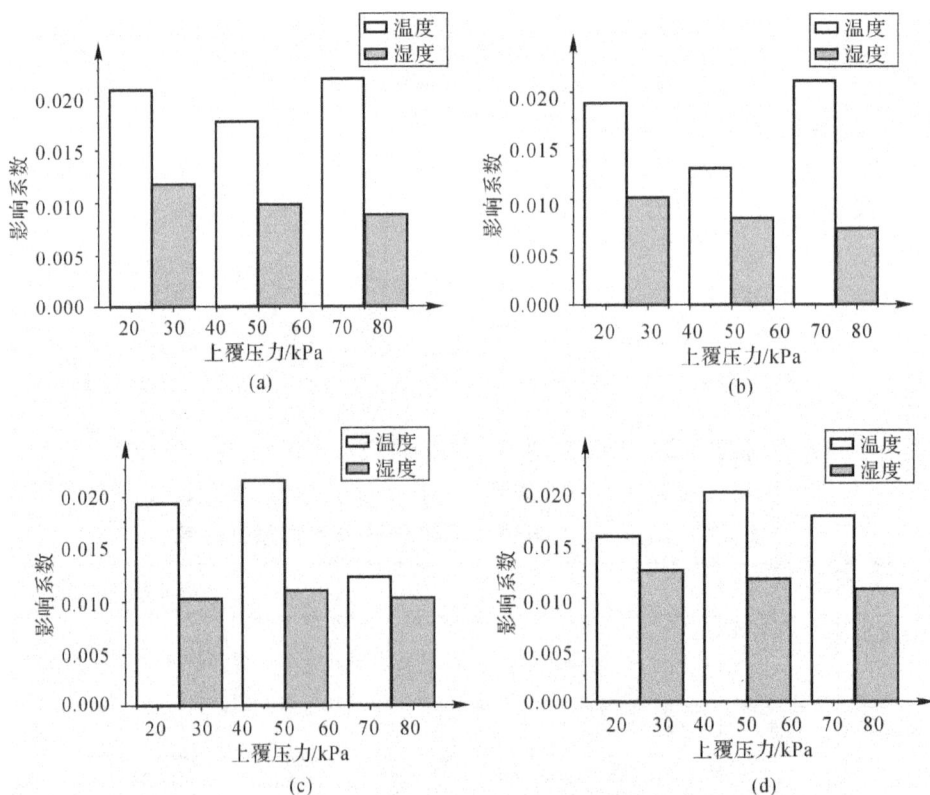

图 2.17　不同荷载下影响系数比较

(a)20%目标含水率；　(b)25%目标含水率；　(c)30%目标含水率；　(d)35%目标含水率

通过图 2.17 可知,土样温度的影响系数均大于湿度,说明了脱湿温度对脱湿后加水膨胀的线膨胀率影响均大于湿度,从另一个方面表明了温度对收缩后土样膨胀潜势的影响大于湿度。

2.3.4　温度、湿度对线膨胀总率的影响

膨胀土的线膨胀总率是评定膨胀土变形性能的重要指标,它是基于膨胀土的膨胀与收缩性能而提出的。规范定义线膨胀总率采用下式计算:

$$\delta_{es} = \delta_{ep} + \lambda_x (\omega - \omega_{min}) \tag{2.1}$$

式中,δ_{es} ——线膨胀总率;

$\quad\delta_{ep}$ ——土样在 50kPa 荷载条件下的线膨胀率(%);

$\quad\omega$ ——路基的含水率(%);

$\quad\omega_{min}$ ——路基的最小含水率(%);

$\quad\lambda_x$ ——土的收缩系数

将试验用土在不同的温湿状态下的线膨胀总率和湿度与温度的关系绘制于图 2.18 及图 2.19 中。由于在膨胀试验中,不同温度及湿度状态下收缩时的最小目标含水率为 20%,未达到土样脱湿时收缩曲线的进气点含水率,因此,本书计算线膨胀总率的线收缩系数采用收缩曲线正常脱湿阶段的线收缩系数表达,采用 2.3.3 节 50 kPa 上覆荷载下的线膨胀率,含水率的变化选择土样的饱和状态至目标含水率。

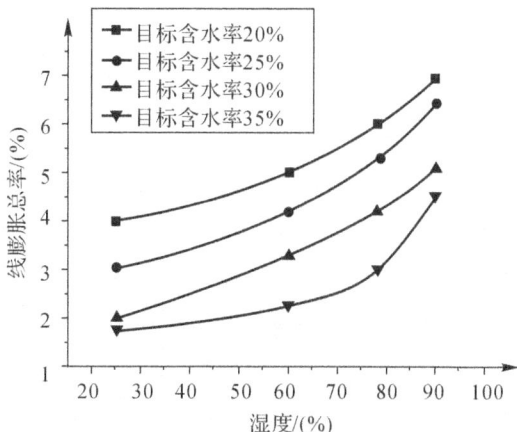

图 2.18　线膨胀总率与湿度关系

由图 2.18 可见土样的线膨胀总率随着湿度的增大而增大,这主要是由于土样在较大的湿度环境中脱湿时,土样的线收缩系数及 50 kPa 下的线膨胀率均较大,在含水率变化幅度相同的情况下,土样的线膨胀总率必然较大。

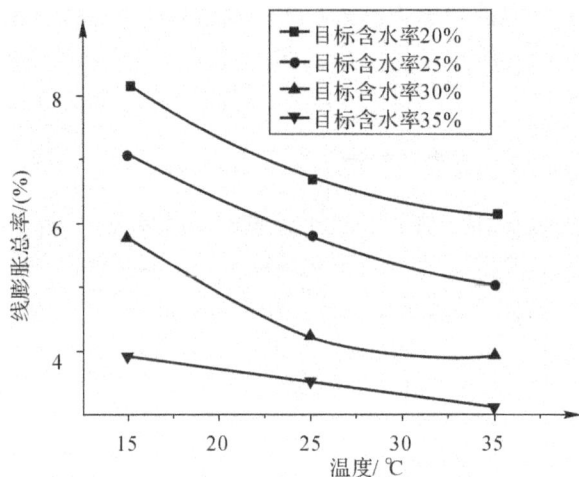

图 2.19　线膨胀总率与温度关系

图 2.19 为温度与线膨胀总率的关系图。从图中可以看出,线膨胀总率随着温度的增加而减小,在相同的温度下,脱湿至不同的目标含水率时,土样脱湿后的目标含水率越大,线膨胀总率越小,主要原因和湿度类似。

将不同湿度、温度的线膨胀总率与土性参数中的线膨胀总率比较后可知,本章试验的线膨胀总率总体大于土样试验参数中的线膨胀总率,这主要由于两种试验方法的含水率变化范围不同造成,本章试验的含水率变化选择为饱和至目标含水率,而土性参数试验中采用原状土测定线膨胀总率,其含水率变化为平衡含水率至缩限,这是造成两种方法计算的线膨胀总率差异最主要的原因。

总之,通过温度、湿度对脱湿后土样的干密度、线膨胀率及线膨胀总率的影响分析后可知,温度、湿度对土样膨胀潜势的影响较大;压实膨胀土在较高的温度、较低的湿度下进行收缩试验时,土体的膨胀潜势较小;温度对膨胀土土样脱湿后膨胀潜势的影响大于湿度。

2.4　不同温度、湿度下的脱湿速率对收缩变形的影响

通过对四种影响蒸发脱湿速率因素的分析后得出,温度对蒸发脱湿的影响大于湿度,与本书温度、湿度对压实弱膨胀土土样变形的影响程度一致。结合对试验的分析可知,由于温度、湿度造成土样蒸发脱湿速率的不同,进而影响土体的变形特性。目前对于蒸发脱湿速率对土体变形的影响开展得还较少。唐朝生等人研究蒸发脱湿速率对土体开裂含水率的影响,研究了温度对土体裂缝的影响。Corte 等人分别对密实结构和松散结构的式样展开了干燥试验,试验结果表明密实结构试样开裂时对应的时间随厚度的增加而线性增加,而松散结构试样则呈线性关系,他们认为造成这一试验现象的原因为土样干燥过程中的脱湿速率和剖面蒸汽扩

散速率存在差异。尽管几位学者均没有直接研究土样的脱湿速率与变形的关系,但从试验结论上反映了脱湿速率与变形具有一定的关联性。

为了研究脱湿速率与土体变形关系,采用 2.2 节不同时间测定的含水率与时间的关系确定不同温度、湿度下的含水率变化时程曲线确定土样的脱湿速率,并分析脱湿速率对土样收缩变形的影响。

2.4.1 温度、湿度对压实弱膨胀土脱湿速率的影响

图 2.20 所示为膨胀土土样在 25℃下不同湿度环境中进行脱湿时的含水率变化时程曲线。

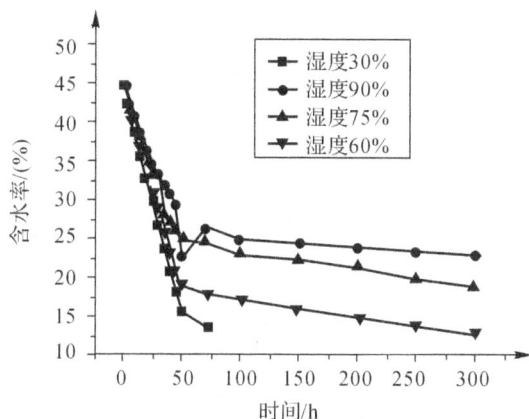

图 2.20 不同湿度下含水率变化时程曲线

通过图 2.20 可以看出,在相同温度及不同湿度下,土样含水率的时程曲线呈非线性,这里采用两段直线可以较好地拟合图 2.20 的含水率变化时程曲线,由于采用本章 2.2 节的脱湿收缩的试验数据,含水率变化时程曲线的交点含水率与所说曲线的交点含水率一致,因此,图 2.20中的交点所对应的含水率为进气点含水率,将不同湿度下土样的脱湿速率列于表 2.7。

表 2.7 不同湿度下土样的脱湿速率

湿度	正常收缩阶段		残余收缩阶段	
	脱湿速率/($\% \cdot h^{-1}$)	相关系数	脱湿速率/($\% \cdot h^{-1}$)	相关系数
30%	0.618	0.99	0.120	0.99
60%	0.437	0.99	0.061	0.92
75%	0.332	0.98	0.041	0.94
90%	0.184	0.96	0.016	0.92

将表 2.7 的脱湿速率与湿度的关系绘于图 2.21,可见对于压实膨胀土土样来说,随着环境

湿度的增大,土样在两个阶段的脱湿速率均逐渐减小,土样在正常收缩阶段的脱湿速率大于残余收缩阶段。

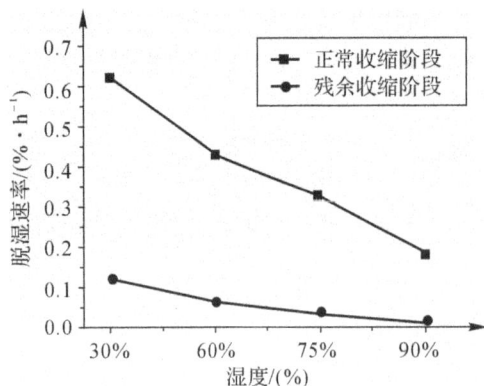

图 2.21 湿度与脱湿速率关系图

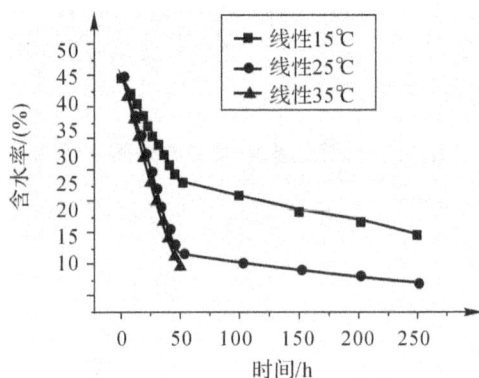

图 2.22 不同温度下含水率变化时程曲线

图 2.22 所示不同温度下的含水率变化时程曲线,可见在相同温度下,土样脱湿时的含水率变化与时间的关系类似于温度,此次采用两段直线对含水率变化时程曲线进行拟合,将不同温度的脱湿速率列于表 2.8。

表 2.8 不同温度下土样的脱湿速率

温度	正常收缩阶段		残余收缩阶段	
	脱湿速率/(% · h⁻¹)	相关系数	脱湿速率/(% · h⁻¹)	相关系数
15	0.174	0.96	0.022	0.90
25	0.332	0.98	0.041	0.77
35	0.414	0.99	0.099	0.97

图 2.23 所示相同湿度下温度与脱湿速率的关系,由图可知,土样在不同温度下脱湿的两个阶段,土体的脱湿速率均随着温度的增大而增大。

对比图 2.23 及图 2.21 可知,在脱湿的正常收缩阶段,土样脱湿速率随着温度及湿度的变化幅度明显大于残余收缩阶段,这表明对膨胀土来说,温度、湿度对正常脱湿收缩阶段的脱湿速率影响较大,而对于土样残余脱湿收缩阶段的脱湿速率影响相对较小。

这是由于在土样正常脱湿收缩阶段,土体的收缩主要由于土体内部水分的蒸发减小造成,温度越高、湿度越低,水分子运动的动能越大,运动的速度越快,单位时间内脱离土体自由表面的水分子越多,土体蒸发速度越快。含水率小于土样进气值含水率后,空气进入土体中,随着蒸发脱湿的进行,土体中的毛细水压力及表面张力逐渐增大,土颗粒之间的间距逐渐减小,相互间的作用力逐渐增大,相互间的约束逐渐增大,而温度、湿度的不同,造成了毛细水压力及表面张力的不同,进而影响土样含水率减小速率,造成土样正常收缩阶段的脱湿速率大于残余脱湿阶段。

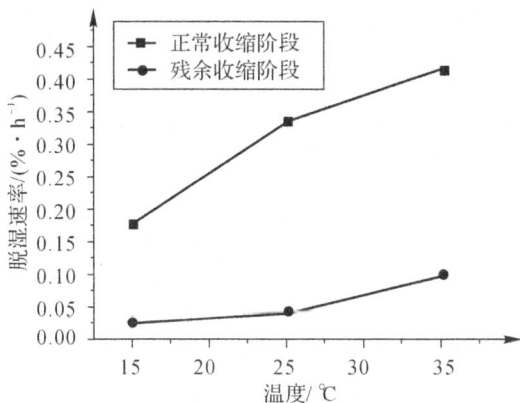

图 2.23　温度与脱湿速率关系

2.4.2　脱湿速率对收缩变形的影响

为了研究土样的脱湿速率对土体收缩变形的影响,将脱湿收缩曲线进气点含水率前后的脱湿速率对土体线收缩系数的影响分别进行研究,即研究进气点含水率之前的脱湿速率与正常收缩阶段的线收缩系数的关系及进气点含水率之后的脱湿速率与正常收缩阶段的线收缩系数的关系,具体如图 2.24 和图 2.25 所示。

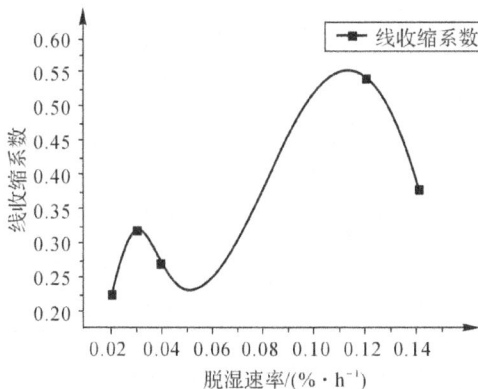

图 2.24　脱湿速率与收缩系数 λ_{r1} 的关系图　　图 2.25　脱湿速率与收缩系数 λ_{r2} 的关系图

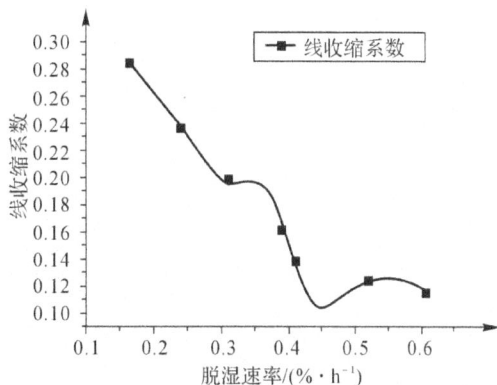

通过图 2.24、图 2.25 可见,脱湿速率对土体收缩两个阶段的线收缩系数均具有较大影响,土样的收缩特性与脱湿速率密切相关。在正常收缩阶段脱湿速率越小,土样的线收缩系数越大,在土样脱湿至收缩进气点含水率以后,土样的脱湿进入残余收缩阶段,脱湿速率越大,土体

的线收缩系数越大,这主要是由于在正常收缩阶段土样的脱湿速率较快,土样在完成脱湿后,土体颗粒重组不完全,在单位含水率变化下土样的线收缩率越小,即土样的线收缩系数较小。而在残余脱湿收缩阶段,土样的总体脱湿速率相对较慢,在脱湿收缩的过程中,土体颗粒之间的重组相对完成,在相同的含水率变化状态下,土样的线收缩率较大,即土样的线收缩系数相对较大,将两者之间的拟合公式列入表2.9。

表 2.9 收缩系数与脱湿速率的关系

项目	拟合公式	拟合系数
进气点含水率之前	$\lambda_{S_1} = 0.097\,3 \left(\dfrac{\mathrm{d}w}{\mathrm{d}t}\right)^{0.582\,8}$	0.91
进气点含水率之后	$\lambda_{S_2} = 0.099\,8 \left(\dfrac{\mathrm{d}w}{\mathrm{d}t}\right)^{0.374\,0}$	0.81

通过表2.9可以看出,土体在收缩曲线进气点含水率前后的收缩系数与脱湿速率的关系成幂指数关系,λ_{S_1},λ_{S_2}可以采用下式拟合:

$$\lambda_x = a \left(\frac{\mathrm{d}w}{\mathrm{d}t}\right)^{b} \tag{2.2}$$

式中,λ_x——土体的收缩系数;

$\dfrac{\mathrm{d}w}{\mathrm{d}t}$——土体的脱湿速率;

a,b——拟合系数。

脱湿速率对土体收缩变形的影响不仅表现在对线收缩系数的影响上,还表现在对土体进气点含水率的线收缩率影响上,由于土体在正常的气候状态下脱湿时,土体较少脱湿至进气点之前的脱湿速率代表土样的脱湿速率,将温度、湿度引起的脱湿速率与进气点线收缩率的关系拟合于图2.26中。

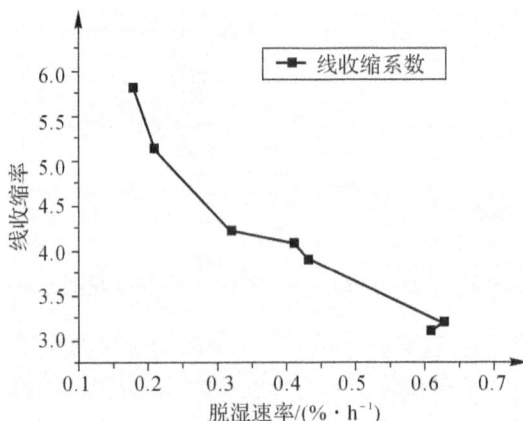

图 2.26 脱湿速率与收缩率关系图

由图 2.26 可知,进气点的线收缩率随着脱湿率的增大而减小,脱湿率越小,土体脱湿至进气点含水率时所引起的线收缩率越大,这表明土体缓慢脱湿收缩下的收缩变形较大。

从对脱湿速率与土体收缩变形的关系分析可以看出,脱湿速率越大,土体脱湿前期的收缩率前期的收缩率越小,脱湿后期的收缩系数越大,这一规律与温湿状态下的土体的收缩变形规律一致,很好地解释了温度、湿度对土体收缩变形的影响。

2.5　温湿状态下不同脱湿方法对压实弱膨胀土变形的影响

2.5.1　路基不同深度蒸发路径的室内模拟

水分主要通过路基表面蒸发,在路堤底部及内部蒸发较少,在现行室内收缩试验操作中,采用各面同时蒸发脱湿的方式进行脱湿,这与路堤表面土样的实际收缩的工作状况不一致。因此,采用均匀室内脱湿方法不能对路基表面土样的实际收缩状态进行模拟。

不均匀脱湿收缩使得土样在沿深度方向的含水率变化不一致,进而造成土体的变形不一致,而路基内部由于存在路基表面土的覆盖作用,路基内部各部分的蒸发脱湿基本一致,可以视为均匀蒸发脱湿。显然,对于路堤及边坡的蒸发脱湿方法来说,均匀蒸发方法更加符合路堤内部的实际脱湿路径。

将路基表面与路基内部的蒸发脱湿路径简化绘于图 2.27 中。

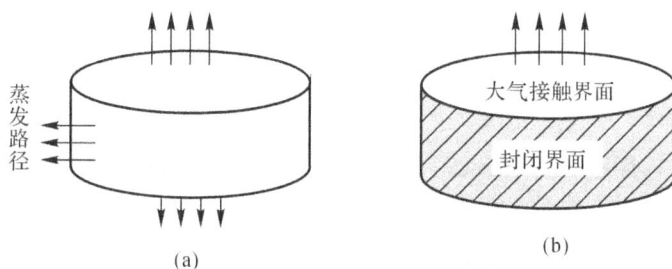

图 2.27　路基表面与路基内部的蒸发路径对比

(a)路基内部脱湿的蒸发路径；　(b)路基表面的蒸发路径

可以看出,对于图 2.27(a)模拟路基内部土样各面均产生蒸发作用,大气对土样各面的蒸发脱湿影响基本相同,土样各面水分的蒸发速率也基本相同。而对于图 2.27(b)模拟路基表面的土样不均匀收缩,只有土样的顶面和大气接触,其余各面均不与大气接触,大气路基表面脱湿收缩的影响大于底部及侧面,土样在各面上的蒸发速率不同。目前对脱湿方法的变化对变形影响的研究还没有开展,几乎没有取得成果,需要开展。

将膨胀土用于路基表面或者路基内部填筑时,土样的蒸发脱湿路径不同,土样的收缩变形也不相同,研究均匀脱湿与不均匀脱湿两种脱湿路径对土样变形的影响,对研究现行土样收缩试验方法能否合理地确定不同路基部位膨胀土的收缩变形量,进而达到合理地确定膨胀土用于路基的填筑位置具有十分重要的作用。下文主要从不同脱湿方法对膨胀土线收缩率、收缩后土样的膨胀潜势及各向异性三个方面入手,研究不同脱湿方法对土样变形的影响。

2.5.2　温度、湿度对不同脱湿方法的压实弱膨胀土线收缩率的影响

模拟路基表面的脱湿路径,选取了 25℃,30％湿度及 15℃,75％湿度两种典型脱湿环境进行不均匀脱湿方法下的脱湿收缩试验,研究温度、湿度对路基表面线收缩率的影响。

不均匀脱湿试样的制作:按照 16.5％的含水率压制成 1.83 g/cm³ 的收缩土样,将土样脱出后(见图 2.28(a)),采用塑料大胶带粘贴土样侧边,浸水饱和后(见图 2.28(b))放入收缩仪中进行不同环境下的脱湿收缩试验,土样的制作过程如图 2.28 所示。

(a)　　　　　　　　　　　　(b)

图 2.28　不均匀脱湿土样的制作

(a)包裹前；　(b)浸水饱和后

图 2.29 所示为采用不同温湿状态下不均匀脱湿方法的脱湿收缩时程曲线,路基表面(不均匀脱湿方法)压实膨胀土的脱湿时程曲线与路基内部(均匀脱湿方法)类似,均可以采用两段直线进行拟合。前段曲线的脱湿速率较大,当脱湿至进气点含水率时,脱湿时程曲线出现转折点,转折点后的脱湿速率明显小于脱湿前期,主要原因与均匀状态的脱湿时程曲线规律原因分析类似。

将不均匀脱湿方法下土样两种脱湿环境中线收缩率与含水率的关系绘于图 2.30 中。

由图 2.30 可见,对于两种脱湿环境的土样,不均匀脱湿下的线收缩率含水率的变化规律与均匀状态类似,均呈两段线性关系,土样脱湿至进气点含水率附近时线收缩率出现转折点。随着脱湿环境的不同,进气点线收缩率对应的含水率也不相同,在 16％～20％之间。将土样脱湿至进气点含水率时土样的线收缩系数不同,正常脱湿阶段的线收缩系数较大而残余脱湿阶段土样的收缩系数较小,将两种脱湿环境下不均匀脱湿方法的线收缩系数列于表 2.10 中。

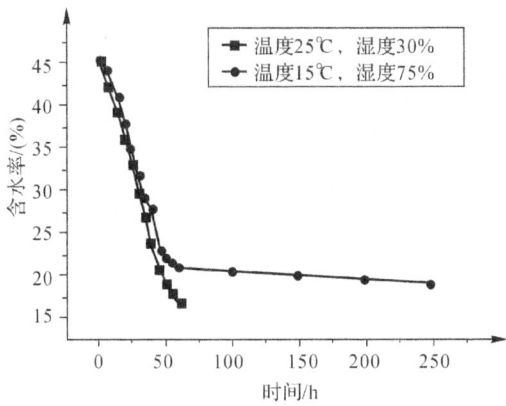

图 2.29　不均匀脱湿方法的脱湿时程曲线

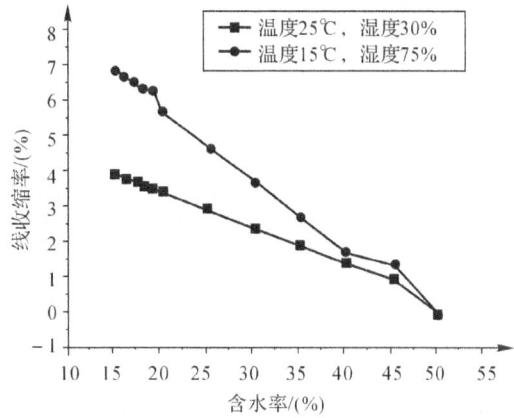

图 2.30　不均匀脱湿方法下土样的线收缩率图

表 2.10　不均匀脱湿方法下的收缩系数

脱湿环境	前半段收缩系数	相关系数	后半段收缩系数	相关系数
25℃ 湿度 30%	0.146	0.99	0.052	0.88
15℃ 湿度 75%	0.282	0.95	0.050	0.93

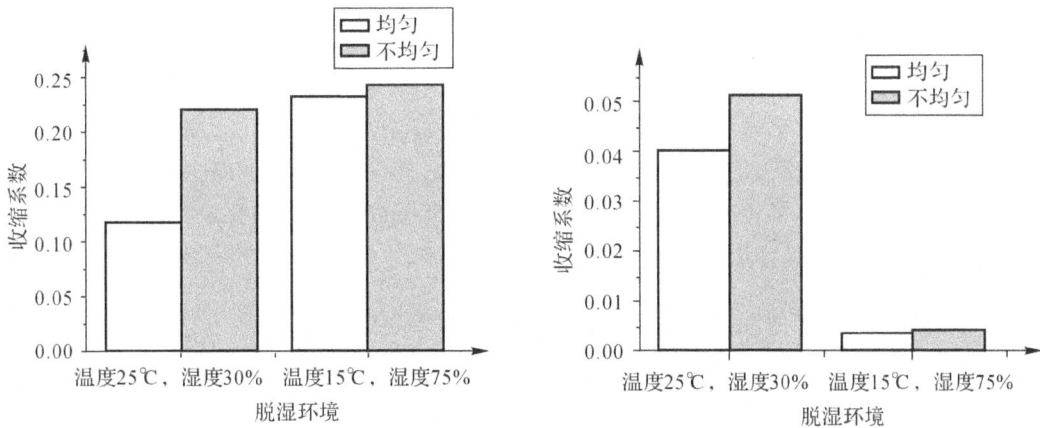

图 2.31　不同脱湿方法的收缩系数

　　截取 2.2.3 节均匀脱湿方法下土样在两种脱湿环境中的收缩系数,并将两种脱湿方法的收缩系数比较绘于图 2.31 中。由图可知,在两种脱湿环境下,均匀脱湿方法下的线收缩系数均小于不均匀脱湿方法,这表明在初始状态完全相同情况下,压实膨胀土用于路基表面的线收缩系数大于用于路基内部。

图 2.32 为不同脱湿方法下的收缩曲线进气点线收缩率比较图,可知,均匀脱湿土样的进气点线收缩率均小于不均匀脱湿方法,对两种脱湿方法下的最终线收缩率分析后也可以得到相似的结论。造成这一现象的原因在于,采用均匀脱湿方法进行土样脱湿试验时,土体的各面均发生蒸发脱湿现象,土样在径向的蒸发脱湿收缩相对较大,造成了径向的脱湿收缩时对轴向的脱湿收缩的约束作用相对较大;而对于不均匀脱湿,土样的径向收缩的程度明显小于轴向,对轴向的限制作用也明显小于均匀脱湿方法。

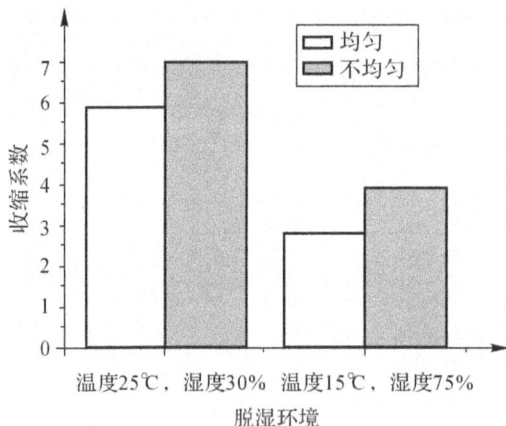

图 2.32　不同脱湿方法下进气点线收缩率比较

通过对均匀及不均匀脱湿方法下线收缩率及收缩系数比较后可知,土样在均匀脱湿状态下的收缩系数及收缩变形均小于不均匀脱湿。这表明,将压实膨胀土用于路基内部填筑时,在含水率变化相似的情况下,均匀脱湿收缩的收缩性能优于不均匀脱湿收缩,而路基内部含水率的减小幅度一般小于路基表面,综合分析路基土样的含水率变化及脱湿方法对收缩变形的影响,用于路基内部填筑的膨胀土收缩性能优于路基表面。

2.5.3　温湿状态下脱湿方法对压实膨胀土膨胀潜势的影响

对于膨胀土来说,土样的膨胀变形十分重要,如果由于收缩造成的路基压实膨胀土的膨胀潜势较大,土样的浸水后的膨胀变形相对也较大,对路基的破坏作用仍然较大。为了研究脱湿路径对路基膨胀土膨胀潜势的影响,从脱湿后的干密度、脱湿后加水膨胀的线膨胀率及线膨胀总率三个方面对不同脱湿方法对膨胀土膨胀潜势的影响进行分析。

采用 2.3.1 节的制作方法制作大环刀样,大环刀样的尺寸、含水率及干密度等初始参数均按照 2.3.1 节内容确定。将大环刀样制作完成后,在试样的侧面及地面采用塑料薄膜覆盖,并用胶带固定。试样土样如图 2.33 所示,将包裹制作完成的土样浸水饱和后,放入恒温恒湿箱中进行脱湿收缩,收缩的温度、湿度选择 25℃、湿度 30% 及 15℃湿度 75% 两种。当土样收缩至表 2.4 的目标含水率时停止收缩试验。将土样放入保湿器中放置 48 h,使其水分均匀分布,按照《土工试验规程》用蜡封法测定土样干密度,并用小环刀沿轴线切取土样,将切取的土样放入固结仪中,按《土工试验规程》的试验方法,分别测定在 25 kPa,50 kPa,75 kPa 的上覆荷载下有荷线膨胀率。

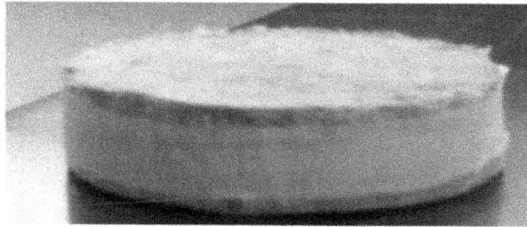

图 2.33 试验用土样

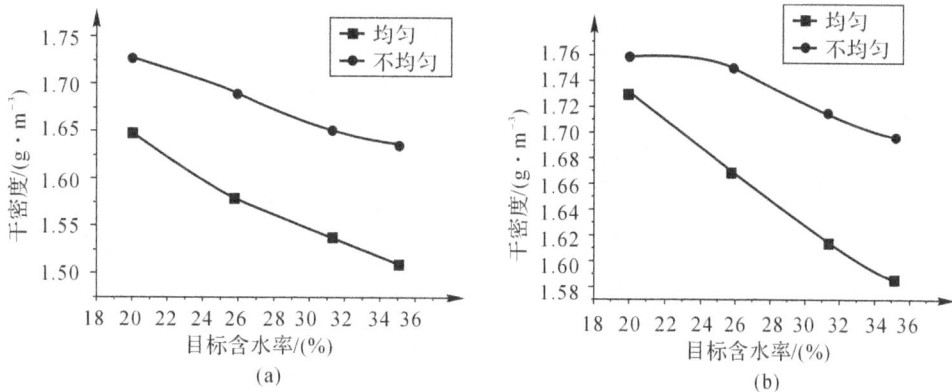

图 2.34 不同脱湿方法下的干密度比较

(a)25℃,湿度 30%； (b)15℃,湿度 75%

图 2.34 为两种脱湿方法下土样脱湿后干密度比较图,可见对于文中四种脱湿的目标含水率,均匀收缩后土样的干密度均小于不均匀收缩后土样的干密度,从一个方面表明了均匀收缩土样的膨胀潜势小于不均匀收缩后的土样膨胀潜势。综合对土样线收缩率及线收缩系数的分析后可知,由于土样在均匀脱湿路径下脱湿时,土样的线收缩率较小,收缩完成后土样的体积较大,在土体颗粒质量相同的情况下,体积越大,干密度越小。

图 2.35(a)~(f)所示膨胀土土样在不同脱湿方法下脱湿至相同的目标含水率后,用环刀切取土样,加水膨胀所测得的土样在不同上覆荷载作用下的线膨胀率图。

通过对图 2.35 所示相同脱湿环境及上覆荷载下的线膨胀率比较可知,土样在均匀脱湿方法下脱湿至相同的目标含水率后,加水膨胀的线膨胀率均小于在不均匀的脱湿方法下脱湿的线膨胀率,这表明土样在不同脱湿方法下脱湿至相同的目标含水率后,不均匀脱湿方法的膨胀潜势大于均匀脱湿方法的膨胀潜势。

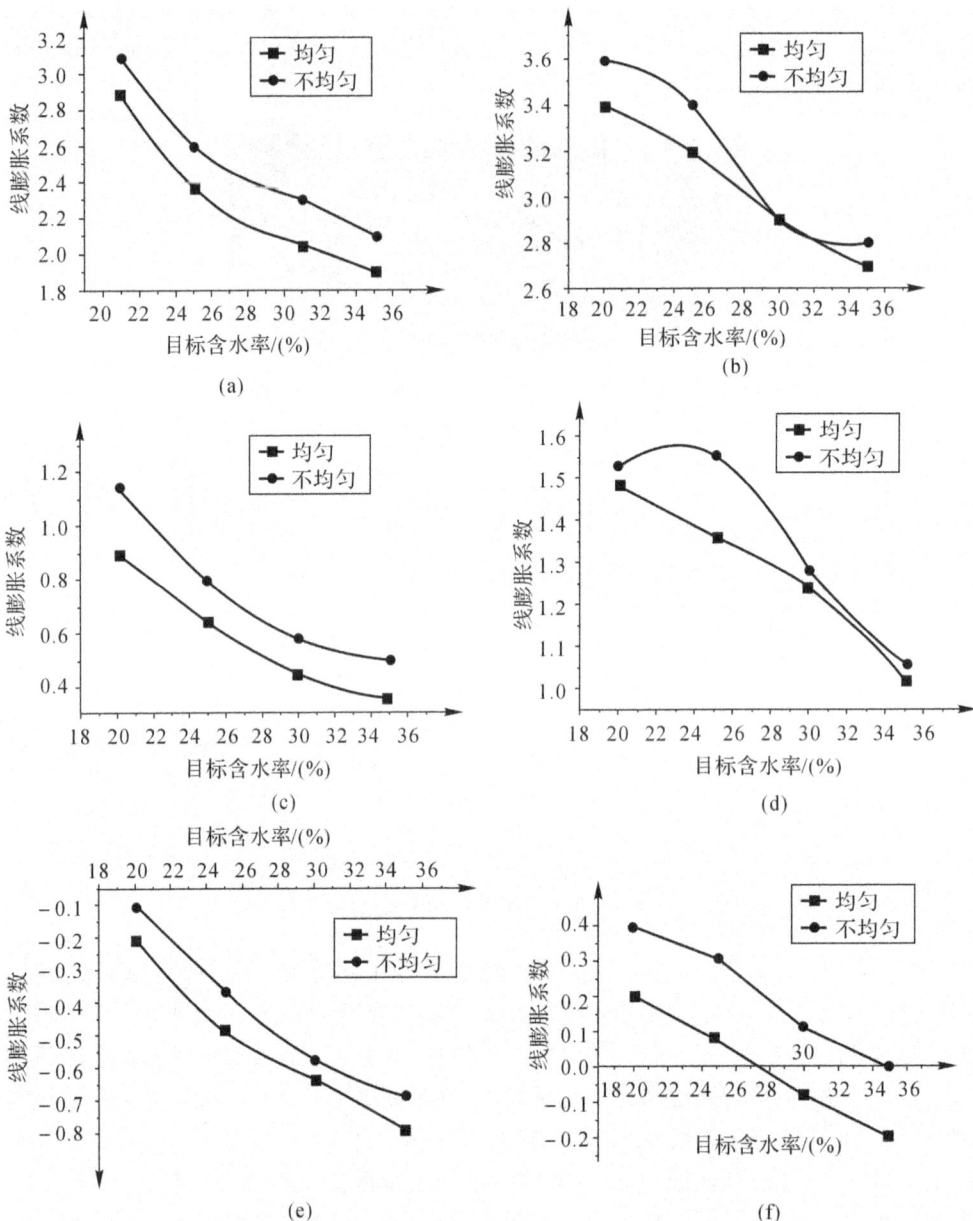

图 2.35　不同脱湿方法下线膨胀率比较图

(a)25℃,湿度 30%,25 kPa；　(b)15℃,湿度 75%,25 kPa；　(c)25℃,湿度 30%,50 kPa；

(d)15℃,湿度 75%,50 kPa；　(e)25℃,湿度 30%,75 kPa；　(f)15℃,湿度 75%,75 kPa

　　造成这一现象的原因为,均匀脱湿时土样的径向收缩较大,轴向收缩受到径向收缩的约束较大,因此,土样在轴向产生的线膨胀率较小。当土样脱湿收缩至相同的目标含水率时,均匀脱湿土样的干密度小于不均匀脱湿土样的干密度。脱湿收缩后的干密度不同是造成土样加水膨胀的线膨胀率不同的根本原因。

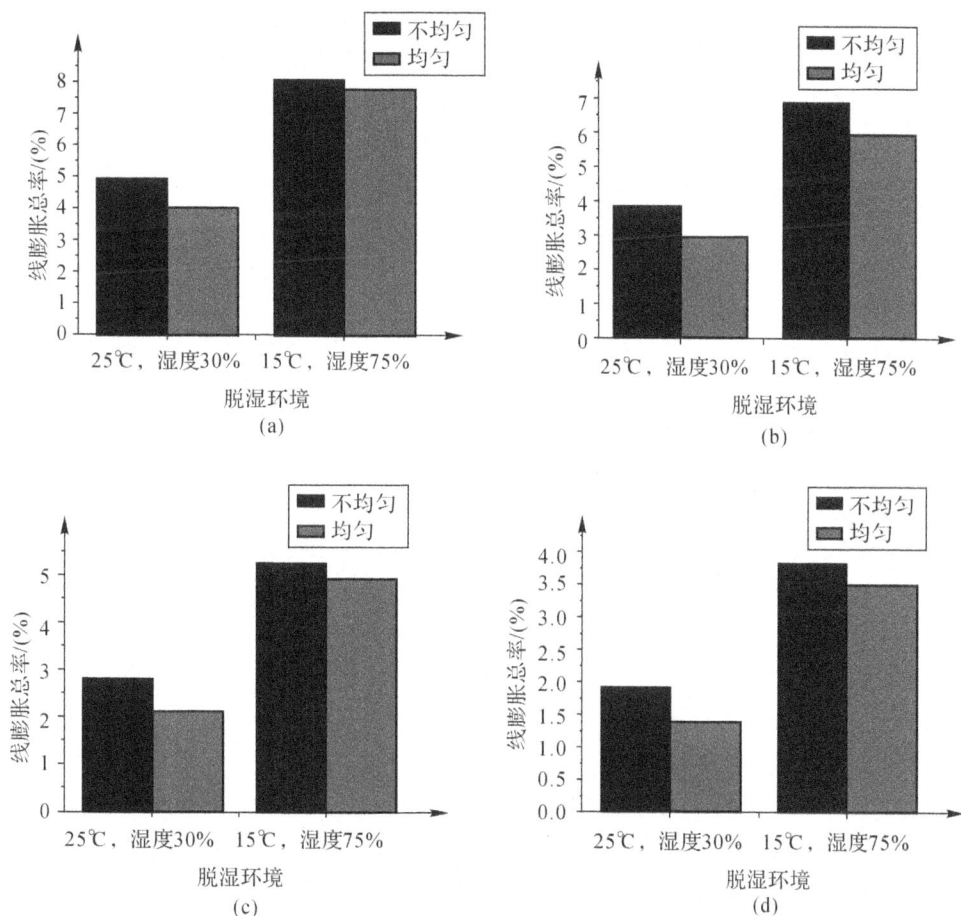

图 2.36　线膨胀总率比较图

(a)20％目标含水率；　(b)25％目标含水率；　(c)30％目标含水率；　(d)35％目标含水率

　　图 2.36 为按照 50kPa 荷载作用下的线膨胀率及土样的线收缩系数计算的线膨胀总率比较图,(a)～(d)分别为 20％,25％,30％,35％四种目标含水率的。在土样均匀及不均匀线膨胀总率的计算中,线收缩率及 50 kPa 下的线膨胀率分别采用均匀及不均匀的指标进行计算,含水率的变化采用饱和含水率至目标含水率。

　　从图中可以看出,土样在不均匀脱湿方法下的线膨胀总率均大于脱湿方法,这表明在相同的脱湿环境中,均匀脱湿方法造成的线膨胀总率小于不均匀脱湿方法,从一个方面表明了将膨胀土用于路基内部填筑时的线膨胀总率小于路基表面。

从上文对均匀及不均匀脱湿方法下的干密度、脱湿后线膨胀总率的比较后可知,将压实弱膨胀土用于路基表面填筑时,收缩后的膨胀潜势较大,而用于路基内部填筑时土样收缩后的膨胀潜势小于路基表面。从脱湿后的膨胀性能上分析,在相同的脱湿环境下,土体在路基内部经过收缩后的膨胀性能总体小于用于路基表面收缩后的膨胀性能,表明将膨胀土用于路基内部填筑时经过收缩后土样的膨胀变形性能优于将膨胀土用于路基表面。

2.6 相同温度状态下脱湿方法对压实弱膨胀土变形各向异性的影响

2.2.2 节第 4 部分通过设置不同温度状态的脱湿环境,对均匀脱湿方法下不同温度、湿度的压实弱膨胀土变形进行了研究,得到了不同温度、湿度下压实弱膨胀土的收缩及膨胀潜势变化规律。2.5 节对不均匀与均匀两种脱湿方法下的收缩变形及膨胀潜势进行了比较,得出在相同温湿状态下,用于路基内部填筑的膨胀土变形性能优于用于路基表面的。

上文仅研究了不同脱湿方法下的轴向变形及轴向膨胀潜势,对于相同温湿状态下脱湿方法对土样在径向的变形却未加研究,实际上膨胀土的膨胀及收缩变形均是三向的,在浸水膨胀的过程中由于膨胀变形受到限制,必然会产生膨胀力,这种膨胀力也是三向的。温度、湿度对径向膨胀潜势及轴向膨胀潜势的影响是什么?两者是否一致?因此,仅研究温度、湿度对土样轴向变形的影响显然不够完全。

所谓土样的各向异性是指土样在不同方向上表现出不同的物理与力学性能差异,土样部分土性参数如线膨胀率、电阻率、热导率及膨胀力是具有方向性的,而另一些性能参数如密度、比热容则是不具有方向性的。土样在不同的脱湿方法下脱湿时,脱湿后土体颗粒在轴向及径向上的结构差异较大,土体的实际结构对土体变形的各向异性具有较大的影响,因此,土样经过不同的脱湿方法脱湿后,在轴向及径向的变形也存在着一定的差异。由于土样的摆放位置不同,以下将土样的轴向称为竖向,而将径向称为横向。

目前主要集中于从土体本身的特性对膨胀土变形的各向异性进行研究,如初始干密度、初始含水率等,且基本集中在研究土样的初始参数对膨胀变形指标的影响,但对于脱湿方法及温湿状态对土体各向异性的影响很少见到相关报道。膨胀土是一种特殊的黏土材料,其竖向变形特征与横向变形特征具有较大差异。对土样来说,膨胀土的横向膨胀变形和横向膨胀力的大小不仅会对土样的竖向变形及膨胀力造成影响,同时也会引起工程建筑物的破坏。目前,国内外在处理膨胀土路基及边坡工程问题时,几乎均未考虑膨胀土胀缩的各向异性对路基及边坡工程的影响,对于脱湿方法及温湿状态对膨胀土土样各向异性影响的研究在国内外几乎未

见报道。本节拟对不同脱湿方法下土样各向异性的影响进行研究,主要内容包括以下几个方面:

(1)研究温度、湿度对土样膨胀性能各向异性相关指标的影响。

(2)研究相同温湿状态下脱湿方法对膨胀土土样各向异性相关指标的影响。

2.6.1　试验目的及方案

由于土样的脱湿方法及温湿状态不同,土样脱湿后轴向及径向产生的收缩变形特性也不相同。为了研究温度、湿度及脱湿方法对膨胀土土样各向异性的影响,通过设置不同的脱湿环境及脱湿方法,模拟膨胀土土样在不同脱湿环境下脱湿,研究温度、湿度及脱湿方法对土样收缩后各向异性的影响。

按照表 2.4 设置土样的脱湿环境,采用 2.5.3 节不均匀脱湿的试验制作方法,将土样浸水饱和后脱湿收缩至 20%目标含水率,用环刀分别从竖向及横向切取若干组土样进行试验(见图 2.37)。

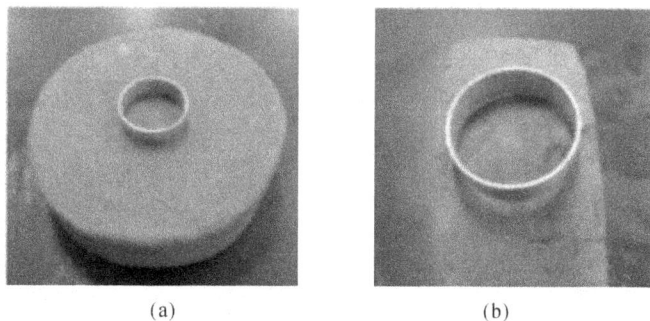

(a)　　　　　　　　　　　　　(b)

图 2.37　切样方法

(a)竖向；　(b)横向

第一组进行线膨胀率试验。由于上文对土样进行了不同上覆荷载作用下竖向变形的试验研究,故在进行土样线膨胀率各向异性研究时仅沿横向切取土样,将切取的土样分别在 25 kPa,50 kPa 及 70 kPa 的上覆压力下进行线膨胀率试验。竖向切取土样的有荷载线膨胀率采用 2.5.3 节 20%目标含水率的膨胀性试验数据。

第二组进行膨胀力研究。膨胀力的试验方法采用规范方法进行,切取土样的方法按照线膨胀率土样的制作方法进行切取。

此处定义膨胀土线膨胀率各向异性指标为 α_ε,具体计算公式如下:

$$\alpha_\varepsilon = \frac{\varepsilon_\gamma}{\varepsilon_h} \tag{2.3}$$

式中,α_ε——竖向线膨胀率与横向线膨胀率之比;

ε_γ ——竖向线膨胀率,采用竖向土样的稳定线膨胀率(%);

ε_h ——横向线膨胀率,采用横向土样的稳定线膨胀率(%)。

2.6.2 不同温度、湿度下土样的线膨胀率各向异性分析

文献的研究显示,在膨胀土的膨胀变形过程中,随着时间的增长,土样线膨胀率不断增加,经过一定时间后土样的线膨胀率达到稳定值。开始吸水膨胀阶段,膨胀土土样的吸水相对较多,土体的结合水膜在一定程度上增厚,固体颗粒之间的距离增大,产生膨胀,线膨胀率增长显著。经过一段时间吸水膨胀后,土体内部达到进气值的平衡点,土体内部的进水值相对稳定,进水量相对减小,线膨胀率相对稳定。随后,随着时间的增长,线膨胀率增长幅度变小,水分渐渐充满孔隙,膨胀土吸水率变小,线膨胀率增长幅度变小。最后,膨胀土吸水达到稳定状态,线膨胀率基本不变。

在整个土体吸水膨胀的过程中存在两种线膨胀率。其一,为稳定线膨胀率。这一线膨胀率根据不同土样达到进气值平衡点时间的不同而不同。对于书中试验用土而言,根据文献的研究结论,大致的线膨胀率稳定时间在 24 h 左右,故本章定义 24 h 的线膨胀率为稳定线膨胀率,计算式(2.3)中的竖、横向线膨胀率均为稳定线膨胀率。其二,为最大线膨胀率。在土体浸水达到一定的时间,土体达到进气值的平衡点后继续浸水,土体的进水量极其微小,土体的相对膨胀量也较小,近似可以忽略。

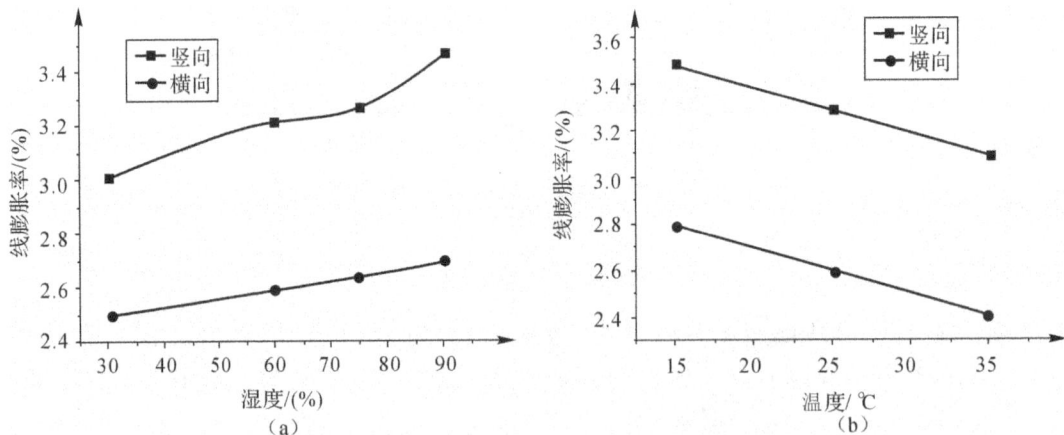

图 2.38　不同温度、湿度的竖向及横向线膨胀率

图 2.38(a)(b)分别为 25 kPa 上覆荷载时不同温度及湿度下土样的竖向及横向线膨胀率对比图,其余上覆荷载下,温度、湿度对土样各向异性系数的影响具有相同的结论,限于篇幅,这里不一一列出。

从图 2.38 易知,土样的横向线膨胀率随着湿度的增大、温度的减小而不断增大,这与竖向

线膨胀率与温度、湿度的关系一致,竖向线膨胀率随着温度、湿度变化的变化率均大于横向,表现在曲线上为竖向直线的斜率大于横向,此处将单位温度、湿度变化下的线膨胀率变化定义为线膨胀率各向异性影响系数,即图 2.38 中竖向及横向线膨胀率与温度、湿度关系斜率绝对值,将 2.38(a)(b)图的影响系数列于表 2.11 中。

表 2.11　土样的膨胀率各向异性影响系数

项目	湿度/(%)	温度/℃
竖向	0.006 3	0.016 0
横向	0.003 4	0.007 9

由表 2.11 可见,温度对竖向与横向两个方向的线膨胀率影响系数均大于湿度,这表明,温度对土样收缩变形后加水膨胀的线膨胀率的影响大于湿度。对表 2.11 中温度、湿度对横向及竖向的各向异性系数的比较可以看出,土样横向的线膨胀率影响系数均小于竖向线膨胀率影响系数,表明温度、湿度对土样竖向的线膨胀率的影响程度大于横向线膨胀率影响系数。

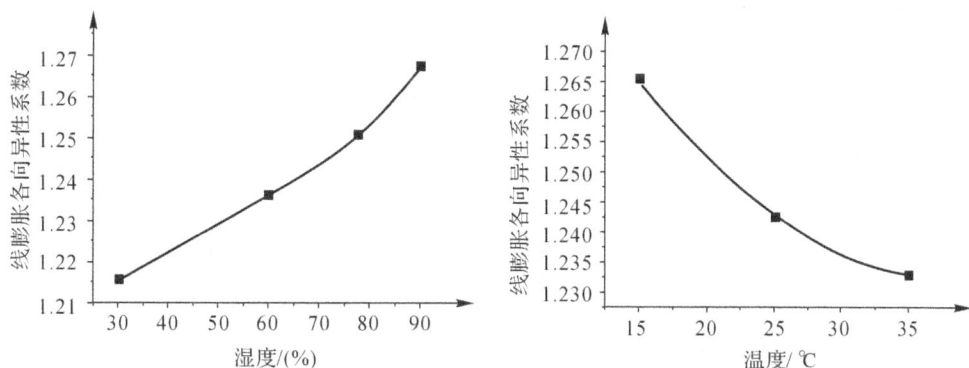

图 2.39　温度、湿度与线膨胀率各向异性系数关系

图 2.39 为 25 kPa 上覆荷载下温度、湿度与线膨胀率各向异性系数 α_ε 的关系,从图中可以看出,土样的各向异性系数随着湿度的增加而增加,随着温度的增加而减小。

造成这一现象的主要原因是,随着温度的减小和湿度的增大,土样的脱湿速率逐渐减小,土样竖向的膨胀变形比横向膨胀变形增大量大,土样的各向异性性质表现得更加明显。由于采用重塑土制作土样,可以近似认为在制样初期土样在竖向及横向的结构相近,但经过不同温度、湿度下的不均匀脱湿后土样在竖向与横向的结构产生了一定的差异,温度越小、湿度越大。土样沿竖向的脱湿速率越小,竖向与横向产生的收缩率比值越大,这是造成温度越小、湿度越大,土样的各向异性特性越大的原因。

自然界的原状土样既有粒团的任意及定向排列,又有粒团间的任意及定向排列,但重塑土经过击实后,粒团内部及粒团之间的土体均呈现一定的定向性,浸水饱和后,土样的竖向膨胀变形较大,横向膨胀变形相对较小,温度、湿度对土样竖向颗粒定向分布的影响比横向大,这是温度、湿度对土样竖向线膨胀率的影响大于横向的原因。

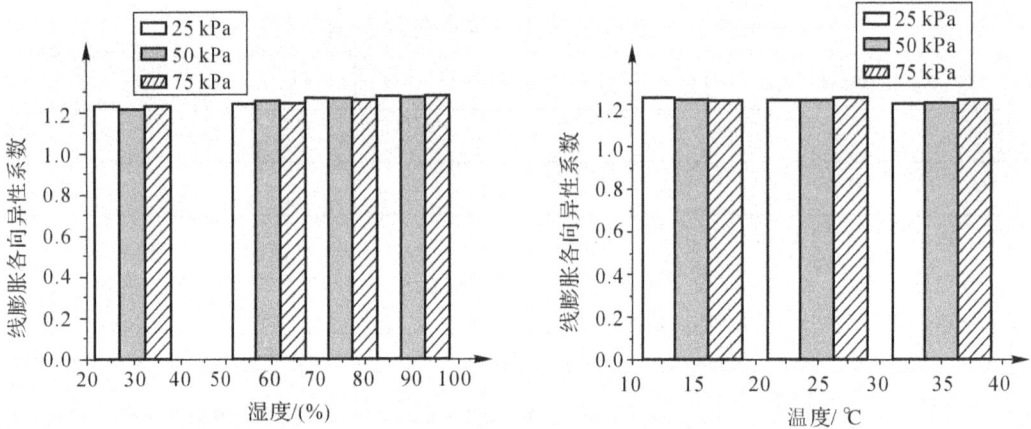

图 2.40　不同上覆荷载作用下的线膨胀率各向异性系数

图 2.40 为不同上覆荷载作用下的线膨胀率各向异性系数 α_ε 图,可以看出在相同的温度或者湿度下,不同荷载的线膨胀率各向异性系数 α_ε 基本接近,各种荷载之间线膨胀率各向异性系数差值最大为 0.002,最小值为 0,可以近似认为不随着上覆荷载的变化而变化,表明土样进行膨胀试验时不同的上覆荷载对土体各向异性影响不大。

表 2.12　25 kPa 下土样的膨胀试验后含水率增量

温度/℃	湿度/(%)	线膨胀率/(%)		含水率增量/(%)	
		竖向	横向	竖向	横向
25	30	3.09	2.54	15.5	15.4
	60	3.27	2.64	16.9	17.2
	75	3.35	2.68	17.2	17.2
	90	3.48	2.75	18.4	18.4
5	15	3.43	2.72	17.6	17.5
	25	3.35	2.68	17.2	17.2
	35	3.16	2.56	16.3	16.4

表 2.12 为在不同湿度及温度下,膨胀试验的上覆荷载为 25 kPa 时土样膨胀试验后含水率增加。通过表 2.12 可知,在相同的温度下,膨胀土土样的试验后含水率增量随着湿度的增加而增加;在相同的湿度下,随着脱湿温度的减小而增加,对比土样在不同温度及湿度下的线膨胀率可以判定膨胀土土样的线膨胀率随着含水率增量的增大而增大。对 25 kPa 上覆荷载作用下的试验含水率分布分析后可知,土样的竖向与横向试验后含水率增量相差不大,最大相差为 0.3%,最小相差为 0,可以认为两者的试验后含水率相同。结合土样在竖向及横向上的线膨胀率可以看出,在单位含水率变化范围内,竖向线膨胀率比横向线膨胀率增加更大,这表明膨胀土土样竖向膨胀性能比横向更强。

2.6.3 不同温度、湿度下的膨胀力各向异性分析

膨胀力是膨胀土变形特征的重要指标,土样在不同的温度、湿度下脱湿后,土样在横向及竖向的膨胀性指标明显不同,膨胀力也必定不相同,此处采用指标 K 作为土样膨胀力的各向异性指标,并定义 K 为竖向膨胀力与横向膨胀力的比值,即

$$K = \frac{F_\gamma}{F_h} \tag{2.4}$$

式中,K——膨胀力各向异性指标;

F_γ——竖向膨胀力(kPa);

F_h——横向膨胀力(kPa)。

将不同温度、湿度与膨胀力关系绘于图 2.41 中。

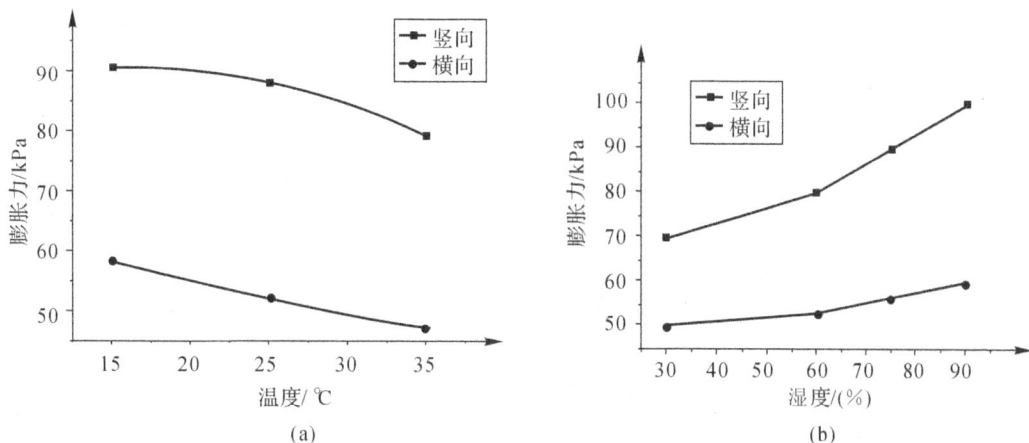

图 2.41 不同温度、湿度下土样竖、横向的膨胀力
(a)温度与膨胀力关系; (b)湿度与膨胀力关系

由图 2.41 可见,土样的竖向及横向膨胀力均随着湿度的增大而线性增大,随着温度的增

大而线性减小。造成这一现象的原因为,在相同温度及湿度下脱湿时,由于土样击实是沿着土样的竖向进行的,土样在竖向形成相对规则的层状定向结构,加水膨胀时竖向的膨胀量大于横向的膨胀量,因而,结束其膨胀的膨胀力也必然大于横向的膨胀量。

根据上文的研究,脱湿后的干密度随着温度的增大、湿度的减小而不断减小,干密度的不同造成了土样加水膨胀的膨胀力随着温度的增大、湿度的减小而不断减小。

参照线膨胀率影响系数的定义,将图 2.41 中单位温度及湿度变化下的膨胀力变化称为膨胀力各向异性影响系数(即图中直线斜率的绝对值),膨胀力各向异性影响系数越大表明温度、湿度对膨胀力的影响越大,将图 2.41(a)(b)的影响系数分别列于表 2.13 中。

表 2.13 土样的膨胀力各向异性影响系数

	湿度/(%)	温度/℃
竖向	0.431 2	0.845
横向	0.141 5	0.264 1

由表 2.13 可知,温度及湿度对土样竖向膨胀力的影响大于横向,表现为温度、湿度对竖向膨胀力的影响系数均大于横向。这主要是由于对于重塑土样来说,经过击实后沿土样的竖向呈现一定的定向性,经过浸水膨胀再收缩后,土样的膨胀性能沿具有定向性排列的竖向变形相对较大,对其约束的膨胀力也越大。因此,加水膨胀时的膨胀力表现为温度、湿度对竖向膨胀力的影响大于横向,温度在竖向与横向两个方向的膨胀力影响系数均大于湿度,表明温度对土样收缩后加水膨胀力影响大于温度。

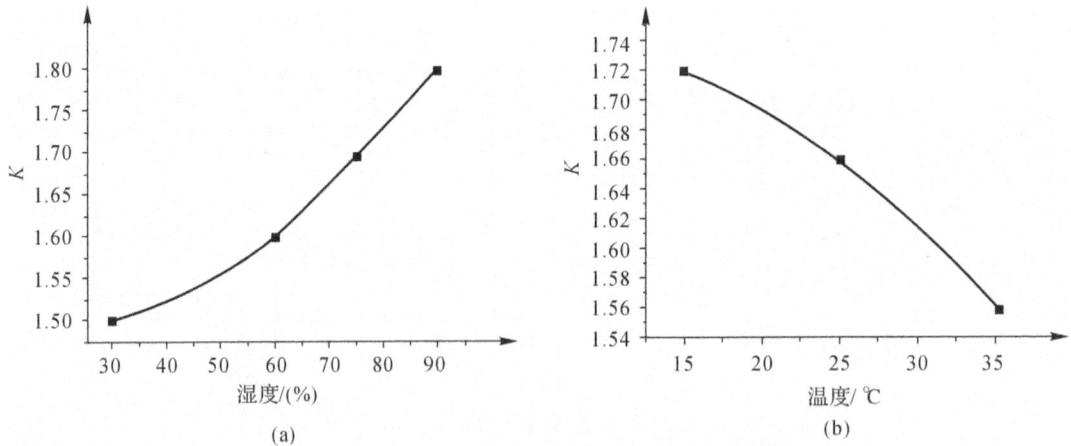

图 2.42 温度、湿度与 K 的关系曲线

(a)湿度与 K 的关系曲线; (b)温度与 K 的关系曲线

将温度、湿度与膨胀力各向异性系数 K 的关系拟合于图 2.42 中,可知 K 值随着湿度的增大而增大,而随着温度的增大而减小,其主要规律与温度、湿度对线膨胀率各向异性系数的影响一致,主要原因也可以采用线膨胀率各向异性的方法解释。

通过对膨胀力及线膨胀率各向异性系数的研究可知,温度、湿度对脱湿后土样的各向异性具有较大的影响,主要表现在由于温度、湿度不同,收缩后土体的各向异性特征表现得更加明显,土样各向的线膨胀率及膨胀力各向异性系数均随着温度的增大而减小,随着湿度的增大而增大。

2.6.4　不同脱湿方法下路基压实膨胀土的各向异性分析

上文对不均匀脱湿方法下土样的各向异性进行了研究,但在实验室中广泛采用均匀脱湿方法对土样进行脱湿试验,为研究均匀脱湿方法脱湿对土样各向异性的影响,下文将均匀脱湿方法下土样各向异性与不均匀脱湿方法下土样的各向异性进行比较,研究两种脱湿方法对土样各向异性的影响。

采用 2.3.1 节均匀脱湿土样,在温度为 25 ℃、湿度为 30% 及温度为 15 ℃、湿度为 75% 两种环境下进行脱湿,脱湿后横向切取土样,按照规范方法进行 25 kPa,50 kPa 及 75 kPa 的线膨胀率及膨胀力的测定,将测定的结果与 2.3.3 节相同脱湿环境下的竖向线膨胀率及膨胀力试验结果相除后分别得到各向异性系数 α_ε 及 K 值。

将不同上覆荷载下,脱湿方法对有荷线膨胀率各向异性系数 α_ε 值的影响绘于图 2.43 中。

由图 2.43 可见,土样在不均匀脱湿方法下脱湿至 20% 的目标含水率时,在不同上覆荷载下加水膨胀时的线膨胀率各向异性系数均大于均匀的脱湿方法。这表明在相同的温度、湿度下,土样用于路基内部填筑时的各向异性系数小于用于路基表面填筑的各向异性系数,从另一个方面证明了将膨胀土用于路基内部填筑时土样在各个方向上的变形性能的差异小于用于路基表面填筑时的变形性能的差异。

这主要是由于经过击实的重塑膨胀土,在击实作用下,土体粒团内部及粒团之间均呈现一定的各向异性,不均匀脱湿方法沿着土体的轴向进行脱湿收缩,径向收缩相对较小,土体粒团之间及粒团内部均沿着土体的轴向收缩重排列,而均匀脱湿方法下的膨胀土土体沿着径向及轴向均发生脱湿收缩作用,在两个方向上均发生收缩重排列,且两个方向的收缩量差异比不均匀收缩小,相比不均匀脱湿,均匀脱湿的横向颗粒排列更为紧密。因此,在均匀的脱湿方法下,横向切取土样进行加水膨胀试验后测得的膨胀量,比不均匀脱湿方法下采用相同切取土样方法的膨胀量大。相对于此,在均匀脱湿方法下,由于在土样的横向也发生一定的收缩变形,一定程度上结束了竖向变形,因此,在相同的情况下,均匀脱湿方法下竖向切取土样的膨胀变形小于不均匀脱湿方法下的变形量。

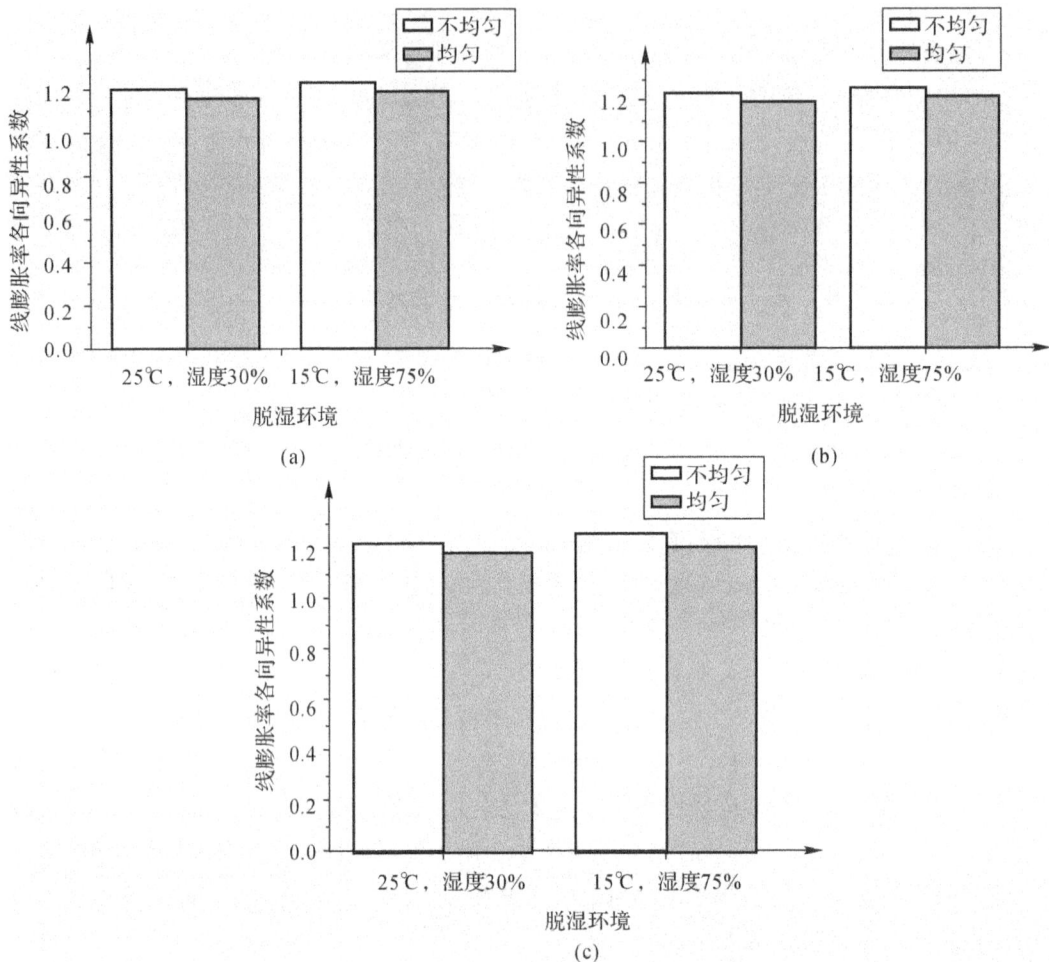

图 2.43 两种脱湿方法下的各向异性系数 α_ε 图

(a)上覆荷载为 25 kPa； (b)上覆荷载为 50 kPa； (c)上覆荷载为 75 kPa

图 2.44 为不同上覆荷载作用下两种脱湿方法下的膨胀力各向异性系数 K 值比较图。不均匀脱湿方法下的膨胀力各向异性系数比均匀脱湿方法稍大，其主要原因可以采用线膨胀率各向异性系数的原因进行解释。

将均匀脱湿土样在不同上覆荷载作用下的线膨胀率各向异性系数及膨胀力各向异性系数列于表 2.14 中。

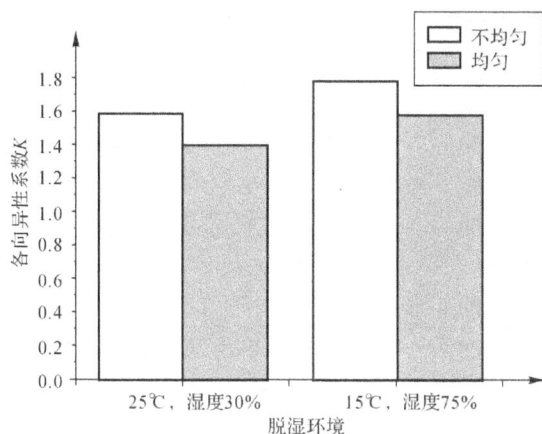

图 2.44　两种脱湿方法下的各向异性系数 K

表 2.14　均匀脱湿方法下的各向异性系数

脱湿环境	25 kPa	50 kPa	75 kPa	膨胀力
25℃,30%湿度	1.186	1.189	1.187	1.360
15℃,75%湿度	1.203	1.208	1.202	1.550

由表 2.14 可见,均匀脱湿土样在不同的上覆荷载作用下,测定其线膨胀率各向异性系数比较接近,在温度为 25℃,30%湿度的脱湿环境下最大相差在 0.002,在温度为 15℃,75%湿度的脱湿环境下最大相差 0.006,表明膨胀变形的上覆荷载对膨胀量各向异性系数的影响不大。对表 2.14 中各种因素作用下的各向异性系数分析后可知,所有的各向异性系数均小于 1,表明在书中的试验环境下,土样的变形均以竖向变形为主,以横向变形为辅。这是由于重塑膨胀土土样沿着轴向击实,在饱和后击实土样的粒团内部及粒团之间仍然具有一定的定向性造成的。

2.7　本章主要结论

本章对温度、湿度对膨胀土变形性能的影响进行了研究,取得如下主要研究结论:

(1)采用室内试验的方法,研究了均匀脱湿方法下,温湿状态对压实膨胀土变形性能的影响。室内试验表明温度越高、湿度越小,土体的收缩变形越小,收缩后的膨胀潜势也越小,温度对土样收缩变形及收缩后膨胀潜势的影响大于湿度。

(2)研究了不同温度、湿度下土样含水率变化的时程曲线,得出了不同的温度、湿度下土样脱湿的含水率随着时间的增加呈线性减小的特性,前期减小较快,后期减小较慢,研究了脱湿速率对线膨胀率及线膨胀系数的影响。研究表明,脱湿速率越大,膨胀土土样的线收缩率越小,正常收缩阶段的线收缩系数随脱湿速率的增大而减小,残余收缩阶段的线收缩系数随着脱湿速率的增大而增大。

(3)采用不均匀及均匀的脱湿方法,分别模拟路基表面及路基内部的脱湿路径,对相同温度、湿度下,不同脱湿方法对压实膨胀土的收缩及收缩后膨胀潜势进行了研究。研究结果表明,均匀脱湿状态下的收缩变形及收缩后的膨胀潜势均小于不均匀脱湿状态,表明将压实膨胀土用于路基内部填筑时的变形性能优于用于路基表面。

(4)对土样不均匀收缩后的变形各向异性进行了研究,研究结论显示,在不均匀脱湿方法下,土样的竖向及横向脱湿后加水膨胀的线膨胀率均随着收缩温度的增大而减小,随着收缩湿度的增大而增大,线膨胀率各向异性系数及膨胀力各向异性系数均随着温度的增大而减小,随着湿度的增大而增大,土样膨胀变形的上覆荷载对土样的各向异性系数影响不大。从线膨胀率及膨胀力两个方面,对均匀脱湿方法下的各向异性系数与不均匀脱湿方法下的各向异性系数进行比较,得出均匀脱湿方法的各向异性系数均小于不均匀脱湿方法下的各向异性系数的结论。

第3章　优化设计与敏感性分析

3.1　试 验 设 计

　　试验设计始于20世纪20年代,最初用于农业生产试验,以后逐渐推广应用于工业生产和科学技术研究。在试验研究中,往往不是单一地进行一些常规试验,而是要根据不同情况(如不同配比、不同工艺参数、不同混合材料等对产品性能的影响)来进行试验。例如,企业为了提高产品质量,常常需要做各种试验,通过改变原料配比、工艺条件或管理方法以寻求最佳工况;农业生产中,为了提高产量,要进行品种对比、施肥对比、药物对比等对比试验。在科研试验中,更是通过各种不同的影响因素的对比试验来达到提高产品的要求,甚至研究出新产品的目的。在试验过程中,为了达到试验目的,总是人为地选定某些因素,让它们在一定范围内变化,考察它们对特征值的影响。例如,对5个3水平的因素进行全面试验,需做 $3^5 = 243$ 次试验;对10个3水平的因素需做59 049次试验,从人力、物力、财力及时间来讲都不现实。因此,由于不同的试验因素对试验结果产生的影响是不同的,为了充分了解诸因素对特征值(目标)的影响大小,势必要先进行试验设计,在试验设计的基础上进行试验,这样就可以最大限度地减少试验中的浪费,以最小的代价获得最多的信息。

　　试验设计是以数理统计为基础,科学地安排多因素试验的一类实用性很强的统计方法。它的主要任务是研究如何合理地安排试验以使试验次数尽可能地少,并根据这些试验结果进行统计推断以得到良好的试验方案。试验设计的方法一般有完全性搭配试验设计、正交设计、均匀设计等方法。完全性试验是一种广泛应用的试验设计方法,其优点是受因素的影响小,缺点是试验组数多,要进行大量的实验,工作量相当大。如何有效地组织试验,在有限的试验次数内找到最佳配合,是科学的试验设计方法的任务所在。科学的试验设计方法是指以概率论与数理统计为基础,为获得可靠的试验结果和有用的信息,科学地安排试验的一种方法论。它是研究如何高效而经济地获取所需要的数据和信息及其分析处理方法,如利用正交设计、均匀设计方法,且用适当的分析方法处理数据,就能大大减少工作量,同时又能找到最佳组合。

　　科学的试验设计的基本原则是要保证试验数据的真实可靠,并保证试验结果的再现性,保证能够正确地估计误差值,并对误差的范围进行有效的控制。试验设计的创始人费歇尔(Fisher)提出了试验设计的三个基本原则,即重复、随机化与区组控制(或局部控制)。

　　重复测量的目的是为了估计试验误差、防止出错、提高试验的精度。随着试验测定次数的增加,平均值更加靠近真值,其精度优于单次测定值,因此在通常的条件下都进行重复测量,以减少测定误差,提高测试精度。从数量统计的原理来看,统计理论中的假设检验都是建立在随机样本、大量观测的前提下的,大量观测本身就意味着重复,因此重复是实现统计判断的必要条件。

随机化是将系统误差转化为随机误差,是避免系统误差与欲考察因素效应混杂的有效措施。随机化安排试验主要有两种方法:一种是利用抽签或掷骰子的方法决定试验的先后顺序;另一种就是利用随机数表。在试验中所有的试验全部按随机顺序进行的方法称为完全随机化试验设计法。

局部控制是按照某一标准将试验对象分成若干组,所分的组称为区组,区组之间的差异较大,而区组内试验条件一致或相近,这种将待比较的水平设置在差异较小的区组内以减少试验误差的原则,称为局部控制(或区组控制)。在所划分的同一区组内按随机顺序进行试验称为随机区组试验设计法,在每个区组中,如果每个因素的所有水平都出现,称为完全区组试验,如表 3.1 所示。完全区组试验,从试验的安排到数据的分析都比较方便。但由于条件的限制,不是所有的试验都能采用完全区组试验,此时可采用平衡不完全区组试验。

表 3.1　完全随机化与随机区组试验设计法安排试验的方式

试验顺序号	1	2	3	4	5	6	7	8	9
完全随机化	A1	A1	A3	A2	A3	A1	A2	A2	A3
随机区组	A1	A2	A3	A2	A3	A1	A3	A2	A1
区组	I			II			III		

在试验中,用来衡量试验效果的质量指标称为试验指标,它可以是单一的指标,也可以是多个指标。试验指标要有一定的可比性,且尽量定量化。确定试验指标的实质就是明确试验目的,就是明确试验究竟应该达到一个什么样的目的,如产品的某个指标达到一个什么范围才满足要求等。

影响试验指标的要素或原因称之为因素或因子,因素所处的状态称为水平。如考虑温度对试验指标的影响,温度即为因素,具体的温度值如 $60\,^{\circ}\!C$ 或 $90\,^{\circ}\!C$ 即为因素的水平。如果所考虑的因素之间相互影响,在同时改变水平时,其效果会单独改变某一因素水平时的效果,则称因素之间存在交互作用。

因素及其水平的选取要求掌握足够技术经验和理论知识,不能信手拈来,所选因素和水平的变化应该能引起试验指标的变化,否则试验的因素和水平的选择就是不合理的。一般来说,为保证结论的可靠性,在选取因素时应把所有影响较大的因素选入试验,不能遗漏有显著影响的因素,特别是主要因素。考虑到试验条件的限制,没有显著性影响的因素可以不予考虑,但要注意某些因素之间可能还有交互作用,影响较大的因素还应包括那些单独变化水平时效果可能不大,而与其他因素同时变化时交互作用较大的因素,这样才能保证试验的代表性。按选取因素的多少可把试验分为单因素试验、两因素试验和多因素试验。在可能的条件下,因素变化越多越好,取值一般不少于 3 个,这样才能看出曲线,看出其变化的趋势。

某一因素取值变化的次数即水平数,随着水平数的增加,试验次数会急剧增加,为了减少试验次数,往往取两水平(现行工艺水平和新工艺水平)或三水平低于现行工艺水平或理论值(可取约低于 10%)、现行工艺水平、高于现行工艺水平(可取约高于 10%)。水平的范围选择应适宜,变化的范围不宜太大,水平选择的范围太小则指标的变化较小,可能无法看出水平的影响,水平太大则无法准确地反应水平的转折点。因此,水平的选择与相关技术知识的掌握程度具有很大的关系,如果首先积累了丰富的相关技术知识,了解了水平的大致范围,选取的水平就可能在最佳值附近,可能比较容易得到最佳的水平值。如果是探索性的试验,水平选取时心中无数,在开始时,水平的幅度可适当取大点,然后再逐渐靠近。

总体来说,试验设计方法一般有完全性搭配试验设计、正交设计、均匀设计等,其内容一般应包括三个方面:①工况选择,即因素与水平的选取;②误差控制,即试验方案的制定;数据处理,即分析试验结果。

3.2 正交设计的基本概念

3.2.1 指标

在试验设计中,根据试验目的选定的、用来考察或衡量试验效果的特性称为试验指标(简称指标)。仅考虑一个指标的试验问题称为单指标试验问题,考虑两个或更多个指标称为多指标试验问题。目前的试验设计方法主要是对单指标试验问题,对多指标试验问题,可以将多个指标一一考虑,然后在各个指标间寻求平衡、折中,或者用综合指标把多指标问题转化为单指标问题。

对试验指标可能产生影响的原因或要素称为因素(也称为因子),一般用 A,B,C 表示。正交设计选取的因素通常是可控因素,也即人们可以控制和调节的因素,如加热温度、冷却速度、切削速度、进给量等。

在试验设计中,选定的因素所处的状态或条件不同,可能引起试验指标的变化,称因素的各种状态或条件为水平,一般用 $1,2,3,\cdots$ 表示。在一次试验中,每个因素总取一个特定的水平,称各因素水平的一种组合为一个试验方案或试验条件。

3.2.2 正交表

正交表是正交设计中安排试验,并对试验结果进行统计分析的重要工具。正交表是一种

设计好的固定格式,其正交表的形式一般记为

$$L_n(m^K) \tag{3.1}$$

式中,L(latin square)——正交表;

        n ——行数,也是试验要安排的次数;

        K ——表中的列数,表示最多可安排的因素个数;

        m ——各因素的水平数。

正交表的一般记号为 $L_n(r_1 \times r_2 \times r_3 \times \cdots \times r_k)$,$n$ 表示正交表的行数,每行代表一个试验方案。因此,n 也代表试验次数;k 表示正交表的列数,说明试验至多可以安排的因素个数;表示第 1 列安排的因素的水平数,如果 $r_1 = r_2 = \cdots = r_k = r$ 则正交表简记为 $L_n(m^k)$。

如 $L_8(2^7)$,$L_{16}(2^{15})$,$L_9(3^4)$,$L_{27}(3^{13})$,$L_{16}(4^5)$,$L_{16}(4^2 \times 2^9)$ 等都是常用正交表,L 下面的数字如 8,16,9,27,16 等均表示试验次数,括号内的指数如 7,15,4,13,5 等表示试验影响因素的个数,括号内下面的数字如 2,3,4 等表示最多安排的各个因素的水平数(即取值变化数)。如 $L_{16}(2^{15})$ 表示需做 16 个试验,最多安排 15 个因素,每个因素取 2 水平。$L_8(4 \times 2^4)$ 表示需做 8 次试验,最多安排 5 个因素,其中 1 个 4 水平的因素和 4 个 2 水平的因素。

3.2.3 正交试验设计的基本方法

正交设计是在大量实践的基础上总结出来的一种科学的试验设计方法,它是用一套规格化的正交表格,采用均衡分散性、整齐可比性的设计原则,合理安排试验的。正交试验设计主要包括三方面的内容:根据试验要求选择因素和水平数;根据因素水平数选取正交表,制订试验方案;进行试验并对试验结果分析和计算。

正交表的选用先看水平数,一般遵从水平数与试验水平相同,因素数大于等于实际因素,确定因素水平后再选用合适的正交表。若各因素水平是一样的,如全为 2 水平的,则可选用 $L_8(2^7)$,$L_{16}(2^{15})$ 等正交表;水平数不等的可选用 $L_8(4 \times 2^4)$ 等正交表。例如,研制粉煤灰混凝土,影响因素有水灰比、粉煤灰掺量、砂率、养护方式,若每种方法变化三次,在正常情况下用全面试验方法要做 $3^4 = 81$ 次试验,如果利用正交设计,将各因素适当地组合,则仅需做 9 次试验即可。

又如,利用工业废料 —— 煤渣来制备砖(一种墙体材料),通过试验找到合理的生产工艺,以提高煤渣砖的抗折强度。首先确定因素,从实践中得知,生产煤渣砖时水分的多少、材料碾压时间长短、每次碾压料重这三种因素都会影响其抗折强度,这些因素中,哪个因素的影响最大,各个因素取值多少最好,如何搭配最好,这些问题可通过正交设计来解决;其次根据因素水平选用正交表即试验计划表,此处选择了 3 个因素,每个因素取 3 水平,因此选用正交表 $L_9(3^4)$,其中计划不做安排。正交表选好后,把各个因素排在正交表表头的适当列上,称为第 1 设计或排表头。将第一列取为因素 A(成型水分),第二列取为因素 B(碾压),第三列取为因素 C(一次碾压料重)。表头设计好后开始填表,将因素水平取填到选取的正交表中,形成试

验方案,并根据正交表进行试验,试验方案及结果列于表中。

3.2.4　正交试验结果分析

一旦试验方案确定好,就必须按各号试验的条件严格进行试验,记录试验结果,对所得数据进行分析以获得最优决策。对试验结果的分析,通常有两种方法,一种是直观分析法或称为极差分析法,一种是方差分析法。直观分析和方差分析各有特点,互相补充,在实际工作中多是两者皆用。

1. 直观分析法

直观分析法,或称为极差分析法,是通过各因素水平变化引起试验指标变化的极差,直接分析试验结果,确定出最优的或满意的试验方案。极差的大小反映了试验中各因素影响的大小,极差大表明该因素的影响大,是主要因素,相反,则是次要因素。

各因子水平变化时,指标的变化可以通过因素-指标图来刻画。对每个因素,以指标为纵坐标,因素的水平为横坐标并将点连成折线,如图 3.1 所示。

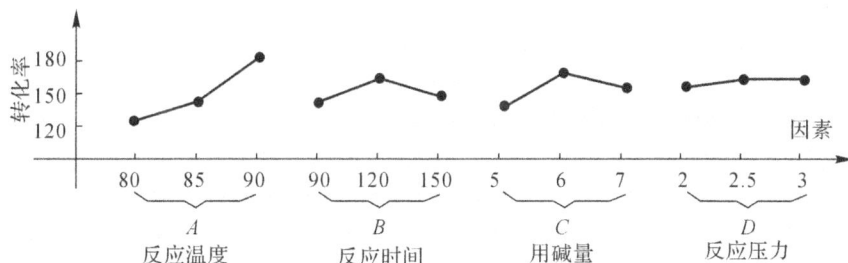

图 3.1　因素-指标图

2. 方差分析法

方差分析法是用方差分析方法来处理试验结果,将因素水平变化与试验误差两者对指标的影响区分开,对影响试验结果的各个因素的重要程度进行定量估计。

正交表的直观分析的优点是简单直观、计算量小,但它不能给出误差估计,因此就不知道分析的精度,即不知道要到怎样的程度,一个因素才可以称为次要因素。

归纳正交设计过程,其基本步骤如下:

(1)定指标,明确重点应解决的问题;

(2)依靠经验合理选择因素与水平数;

(3)选择合适的正交表;

(4)进行试验,并进行结果测试;

(5)试验数据分析和处理。

3.3 无交互作用的正交设计与数据分析

3.3.1 无交互作用正交设计的基本步骤

1. 试验设计

在安排试验时,首先,明确试验目的;其次,确定试验指标,试验指标是用来衡量试验方案好坏的,指标值越大表明试验方案越好;再次,确定因素与水平,在试验前首先要分析影响试验指标的因素是什么,每个因素在试验中取哪些水平;最后,选用合适的正交表,进行表头设计,制定试验方案。

2. 进行试验并记录试验结果

按正交表规定的方案做试验,试验结果记录在正交表的最后一列上。需要注意的是,必须严格按照规定的方案完成每一个试验,即使根据有关的专业知识可以断定其中某个方案试验的效果肯定不好,仍须认真完成,每一个试验结果都用共同的角度提供有用的信息。为了避免事先考虑不周而产生的系统误差,试验的次序最好随机化,也可用抽签的方式决定。此外,在试验中还应尽量避免因操作人员的不同、仪器设备的不同等引起的系统误差,尽可能地使试验中除所考察的因素外的其他因素固定,在不能避免上述影响的场合可以增加一个"区组因素"。例如,试验由 3 个人进行,则可以把"人"看成一个因素,3 个人便是 3 个水平,将其放在正交表的空列上,那么该列的 1,2,3 对应的试验分别由第 1,第 2,第 3 个人去做,这样就避免了因人员变动而造成的系统误差。

3. 数据分析

实验的任务是分析哪些因素对指标有明显影响,各个因素以什么样的水平组合可以使指标达到最优。为此,可以用正交表的特点对试验数据进行统计分析。

3.3.2 数据分析方法

1. 直观分析法

(1)确定最好的试验方案。假定考虑了 P 个因素,每个因素有 r 种不同的水平,每种水平在试验方案中出现了 m 次,则总的试验次数 $n = r \times m$,试验结果记为 $y_1, y_2, \cdots, y_n$。为了分析每个 因素的水平变化对试验结果的影响,对每一列按水平号将 n 个试验方案分为 r 组,令 $\overline{K}_{lj}(l = 1, 2, \cdots, r; j = 1, 2, \cdots, p)$ 表示正交表的第 j 列(包括空列)中水平 l 对应的 m 个试验结果之和,$\overline{K}_{lj} = K_{lj}/m(l = 1, 2, \cdots, r; j = 1, 2, \cdots, p)$。

(2)分析因素对试验指标影响的大小顺序。通过因素水平变化引起的极差来确定对试验指标影响的大小顺序。极差大，表明这个因素对指标的影响大，是重要的因素；极差小，表明这个因素对指标的影响小，通常是不重要的因素。每个因素的极差计算公式为

$$R_j \max_{1 \leqslant l \leqslant p} \overline{K}_{lj} - \min_{1 \leqslant l \leqslant p} \overline{K}_{lj} \quad j = 1, 2, \cdots, p \tag{3.2}$$

对重要因素要选取使指标达到最佳的水平；对不重要的因素，可以任意选取一个水平，一般选取经济、方便的水平。

（3）分析因素与指标的关系。通过因素–指标图可表示因素与指标之间的关系。对每个因素，以指标为纵坐标，因素水平为横坐标作因素–指标图，并连成折线。

2. 方差分析法

直观分析方法简单明晰、通俗易懂、计算量少，但没有把因素水平的改变引起的数据波动与试验误差引起的数据波动区别开来，同时对影响试验结果的各因素的重要程度没有给出精确的数量估计，也没有提供一个用来考察、判断因素的影响是否显著的标准。为弥补直观分析的不足，可采用方差分析法分析试验结果。

根据方差分析的思想，要把试验数据总的波动分解为两部分，一部分是因素变化引起的波动，另一部分是试验误差引起的波动，即把试验数据总的离差平方和 S_T^2 分解为各个因素引起的离差平方和 $S_T^2 (j = 1, 2, \cdots)$ 与试验误差引起的离差平方和 S_T^2，并计算它们的平均离差平方和，然后进行 F 检验，得到方差分析表，最后进行统计推断。

把方差分析用于正交设计的数据分析时，其计算也可以在正交表上进行。

（1）计算离差平方和。

1）总离差平方和 $S_T^2 = (y_i - y)^2$，其中 $y = \dfrac{1}{n} \sum\limits_{n=1}^{n} y_i$，进一步得到

$$S_T^2 = \sum_{i=1}^{n} (y_i - \bar{y})^2 = \sum_{i=1}^{n} y_i^2 - \frac{1}{n} \left(\sum_{i=1}^{n} y_i \right)^2 \tag{3.3}$$

记 $S_T^2 = Q_T - P$，其中

$$Q_T = \sum_{i=1}^{n} y_i^2, \quad P = \frac{1}{n} K^2, \quad K = \sum_{i=1}^{n} y_i$$

2）因素引起的离差平方和，以计算因素 A 的离差平方和为例

$$S_A^2 = \sum_{l=1}^{r} m (\overline{K}_{li} - \bar{y})^2 = \frac{1}{m} \sum_{l=1}^{r} K_{li}^2 - \frac{1}{n} \left(\sum_{i=1}^{n} y_i \right)^2 \tag{3.4}$$

记 $S_A^2 = Q_A - P$，其中 $Q_A = \dfrac{1}{m} \sum\limits_{l=1}^{r} K_{li}^2$。

S_A^2 反映了因素 A 的水平变化引起的试验指标的差异，即因素 A 对试验的影响。用同样的方法可以计算其他因素的离差平方和。把两因素的交互效应当成一个新的因素看待，仍可用这种方法计算离差平方和。任意因素的离差平方和计算公式为

$$S_j^2 = \sum_{l=1}^{r} m\left(\overline{K}_{li} - \overline{y}\right)^2 = Q_j - P, \quad j = 1,2,3,\cdots,p \tag{3.5}$$

$$Q_j = \frac{1}{m}\sum_{l=1}^{r} K_{li}^2, \quad j = 1,2,3,\cdots,p \tag{3.6}$$

有了各个因素的离差平方和就可以得到全部因素引起的离差为

$$S^2 = \sum_{j=1}^{p} S_j^2 \tag{3.7}$$

3)试验误差的离差平方和,根据总离差平方和分解公式 $S_T^2 = S^2 - S_E^2$,可得

$$S_E^2 = S_T^2 - S^2 \tag{3.8}$$

(2)计算自由度。

试验的总自由度:$F_总 = $ 试验总次数 $-1 = n - 1$。

第 j 个因素的自由度:$f_s = $ 因素水平 $-1 = r - 1$。

两因素交互效应的自由度:$f_{A \times B} = f_A \times f_B$。

试验误差的自由度:$f_E = f_总 \times f_因$。

(3)计算平均离差平方和(均方)。

由于离差平方和的大小与求和项数有关,不能确切地反应各个因素的情况。未消除项数的影响,计算它的平均离差平和方,各个因素的平均离差平方和为

$$V_j = \frac{S_j^2}{f_j}, \quad j = 1,2,\cdots,p \tag{3.9}$$

试验误差的平均离差平均和为

$$V_E = \frac{S_E^2}{f_E} \tag{3.10}$$

(4)计算各个因素的 F 值。

将各个因素的平均离差平方和与误差平方和相比,可得出 F 值,即

$$F_j = \frac{V_j}{V_E}, \quad j = 1,2,\cdots,p \tag{3.11}$$

这个比值的大小反映了各个因素对试验结果影响程度的大小。

(5)对因素进行显著性检验。对给定的显著性水平 a,查出各个因素的临界值 $f_n(f_i, f_E)$,与 F_i 值比较。通常,若 $F_j > F_{0.99}(f_j, f_E)$,就称该因素的影响是高度显著的,用"＊＊"表示;若 $F_{0.95}(f_i, f_E) < f_i < F_{0.99}(f_i, f_E)$,则称该因素的影响是显著的,用"＊"表示;若 $F_{0.90}(f_i, f_E) < f_i < F_{0.95}(f_i, f_E)$,则称该因素的影响是比较显著的,用"(＊)"表示;若 $f_i < F_{0.90}(f_i, f_E)$,则表示该因素的影响不显著,不用任何符号。

(6)选取因素水平的最佳组合。选取最佳水平组合的原则是,显著或高度显著的因素应选取最好的水平;其余因素,原则上可任意选取,视具体情况而定。

3.4 有交互作用的正交设计与数据分析

实际上,正交设计应考虑因素的交互影响。在许多试验中,不仅很多因素对指标有影响,而且因素搭配也会对指标产生影响,此即所谓交互效应。

在多因素试验中,如一个因素 A 对指标的影响与另一因素 B 取什么水平有关,则这两个因素 A 与 B 有交互作用,可用 $A \times B$ 表示 A 与 B 的交互作用列。

通过作图可大致判断出两因素之间是否有交互作用。取两水平做四次试验,并作水平-因素关系图,如果因素间有交互作用,则两条直线相交;反之,如果两条直线基本平行,则说明无交互作用。当然,由于试验误差的存在,两条直线不可能完全平行,只要大体平行,我们就可以判定交互作用很小或基本上没有。

3.4.1 对有交互效应问题的正交设计与数据分析

1. 选择合适的正交表

根据已知三因素(A,B 和 C)及水平表,如每个因素都取两种水平,那么应该在二水平正交表中选取。考虑到两因素间的交互效应,因此选取的正交表至少要有 6 列。因而选用正交表 $L_8(2^7)$。

2. 表头设计

把因素 A 放在第 1 列,因素 B 放在第 2 列,按照 $L_8(2^7)$ 的交互效应 $A \times B$ 必须放在第 3 列;把因素 C 放在第 4 列,这时 $C \times A$ 必须放在第 5 列,$B \times C$ 必须放在第 6 列,第 7 列为空列。表头设计如表 3.2 所示。

表 3.2 表头设计

因 素	A	B	$A \times B$	C	$C \times A$	$B \times C$	空列
列号	1	2	3	4	5	6	7

3. 制订试验方案

根据正交表 $L_8(2^7)$、因素(A,B 和 C)水平表和表头设计,建立试验方案表(见表 3.3)

表 3.3 实验方案

因素	A(金属针布)	B(产量水平)	C(锡林速度)
	1	2	3
1	1(日本)	1(6 kg)	1(238 r/min)

续表

因素	A（金属针布）	B（产量水平）	C（锡林速度）
	1	2	3
2	1	1	2(320 r/min)
3	1	2(10 kg)	1
4	1	2	2
5	2(青岛)	1	1
6	2	1	2
7	2	2	1
8	2	2	2

4. 按规定的方案做试验

记录试验结果 $y_1, y_2, \cdots, y_n$ 并标在正交表的最后一列，如表 3.4 所示，计算方便对数据 y_i 做了变换：$y_i = 20(y_i - 0.30)$，这样做不会改变各个因素的 F 值。

表 3.4　数据分析计算

	A	B	AB	C	CA	BC	空列	$y_i = 20(y_i - 0.30)$
	7	1	2	3	4	5	6	
1	1	1	1	1	1	1	1	0
2	1	1	1	2	2	2	2	1
3	1	2	2	1	1	2	2	−2
4	1	2	2	2	2	1	1	0
5	2	1	2	1	2	1	2	−3
6	2	1	2	2	1	2	1	4
7	2	2	1	1	2	2	1	−3
8	2	2	1	2	1	1	2	2
K_{1j}	−1	2	0	−8	4	−1	1	$K = -1$
K_{2j}	0	−3	−1	7	−5	0	−2	$P = 0.125\ 5$
R_j	1	5	1	15	9	1	3	$Q = 43$
S_j	0.125	3.125	0.125	28.125	10.125	0.125	1.125	$S_T^2 = 42.875$

3.4.2　数据分析

1. 统计分析

计算各个统计量的观测值 $K_{ij}(j=1,2,7;i=1,2),R_j(j=1,2,\cdots,7),K$，$P$，$Q_T S_T^2$ 与 $S_j^2=l,2,\cdots,7)$，这里省略 Q_j 的计算，计算结果列入表 3.4。

2. 直观分析

由极差可以看出，三个因素 A,B,C 中，对指标影响最大的是 C，其次是 B，最后是 A。交互效应 $C\times A$ 的影响也大。在最佳水平组合中，因素 C 选水平1，因素 B 选水平2，因素 A 的极差不是很大，可根据具体情况选择水平状态。

3. 方差分析

各个因素以及各个因素的交互效应的离差平方和就是各因素所在列的 S_j^2，空列的为误差平方和 S_E^2 交互效应的自由度为相应因素的自由度之积，S_E^2 的自由度还是用减法来计算。

$$S_A^2=S_1^2 \qquad S_B^2=S_2^2 \qquad S_C^2=S_4^2$$

$$S_{A\times C}^2=S_3^2 \qquad S_{B\times C}^2=S_6^2 \qquad S_{C\times A}^2=S_3^2$$

$$S_{因}^2=\sum_{j=1}^{6}S_j^2, \quad S_E^2=S_7^2, \quad S_T^2=S_{因}^2+S_E^2=\sum_{j=1}^{7}S_j^2$$

其中 $S_A^2 S_B^2 S_C^2$ 的自由度都是 $1(=2-1)$；$S_{A\times C}^2 S_{B\times C}^2 S_{C\times A}^2$ 的自由度都是 $1(=1\times1)$；S_T^2 的自由度是 $7=(8-1)$；S_E^2 的自由度是 $1=[7-(1+1+1+1+1+1)]$，临界值为

$$F_{0.90}(1,1)=39.90, \quad F_{0.95}(1,1)=161.40, \quad F_{0.99}(1,1)=4\ 052$$

方差分析表如表 3.5 所示。

表 3.5　方差分析

方差来源	平方和	自由度	均方	F 值	显著值
因素 A	0.125	1	0.125	0.11	
因素 B	3.125	1	3.125	2.78	
因素 C	28.125	1	28.125	25	
$A\times B$	0.125	1	0.125	0.11	
$B\times C$	0.125	1	0.125	0.11	
$C\times A$	10.125	1	10.125	9	
误差	1.125	1	1.125		
总和	42.785	1			

从方差分析表 3.5 可见,所有因素的效应与交互效应都不显著,但是,仔细考察方差分析表,F_A,$F_{A \times B}$,$F_{B \times C}$ 的值特别小。这表明因素 A 与交互效应 $A \times B$,$B \times C$ 是影响数值的次要因素,应该把它们从方差分析中剔出。为此,把这些平方和与自由度合并到误差项中去,得到

$$S_E^2 = S_1^2 + S_3^2 + S_6^2 + S_7^2 \tag{3.12}$$

且自由度为 $4[=7-(1+1+1)]$。重新查出临界值为

$$F_{0.90}(1,4)=4.54, \quad F_{0.95}(1,4)=7.71, \quad F_{0.99}(1,4)=21.2 \tag{3.13}$$

得到新的方差分析表(见表 3.6)。

表 3.6　修正后的方案分析

方差来源	平方和	自由度	均方	F 值	显著值
因素 B	3.125	1	3.125	8.33	
因素 C	28.125	1	28.125	75	
$C \times A$	10.125	1	10.125	27	
误差	1.5	1	0.375		
总和	47.785	1			

由方差分析表 3.6 看出,因素 B 的影响显著,交互效应 $C \times A$ 的影响高度必须高度重视锡林速度与金属针布这两个因素的交互效应。由于因素 A 与 C 水平,共有四种水平组合:$A_1 C_1$,$A_1 C_2$,$A_2 C_1$,$A_2 C_2$ 由试验方案表 3.3 看出,每种水平组合下各做了两次试验,列出因素 A 与 C 的搭配效益表,如表 3.7 所示。

表 3.7　因子搭配效应表

因素 A	因素 C	
	C_1(238 r/min)	C_2(320 r/min)
A_1(日本)	$y_1' + y' = .2$	$y_2' + y_4' = 1$
A_2(青岛)	$y_6' + y_7' = .6$	$y_6' + y_8' = 6$

由此看出,水平搭配 $A_2 C_1$ 较好。这样,本例中较好的因素水平搭配是 $A_2 B_2 C_1$,即以后可采用金属针布是青岛的,产量水平为 10 kg,锡林速度为 238 r/min 这一方案来组员生产。

关于多因素的正交设计,可能会遇到这样一些情况:①试验指标不止一个,即多指标的试验分析;②重复试验分析,为了提高统计分析的可能性,需要将试验反复进行;③混合型正交试

验,在实际中,由于试验设备、原料、生产条件等限制,有时需要重点考察某些因素而多取一些水平,于是就会出现水平数不等的正交试验。

3.5　混合水平的正交试验设计

在实际问题中,由于具体情况的不同,有时候各因素的水平是不相同的,解决这类混合水平的多因素试验问题主要有两种方法:直接利用混合水平的正交表法和拟水平法。

3.5.1　混合水平正交表及其用法

混合水平正交表就是各因素的水平数不完全相等的正交表,如 $L_8(4\times2^4)$,表示正交表共有 8 行、5 列,用这张表要进行 8 次试验,最多可安排 5 个因素,其中一个是 4 水平的,4 个是 2 水平的。在每一列中不同数字出现的次数是相同的,每两列不同水平的搭配出现的次数是完全相同的。如表 3.8 中,第一列是 4 水平的列,它和其他任何 2 水平的列放在一起,其搭配个数都是 8 个,每种搭配均出现一次。

表 3.8　正交表 $L_8(4\times2^4)$

列号 ＼ 试验号	1	2	3	4	5
1	1	1	1	1	1
2	1	2	2	2	2
3	2	1	1	2	2
4	2	2	2	1	1
5	3	1	2	1	2
6	3	2	1	2	1
7	4	1	2	2	1
8	4	2	1	1	2

分析计算的方法与同水平的正交设计基本相同,但是由于各因素的水平数不完全相等,各水平出现的次数也不完全相同,所以计算各水平的平均值时有所不同。

3.5.2　拟水平法

拟水平法是把不同水平的问题转化成水平数相同的问题。从以上讨论中可以看出,拟水平法就是将水平数少的因素归入水平数多的正交表中的一种处理方法。这种方法不仅可以对一个因素虚拟水平,也可以对多个因素虚拟水平。在没有合适的混合水平的正交表时,拟水平法是一种较好的处理多因素混合水平试验的方法。需要指出的是,虚拟水平以后的表格仅具有部分均衡搭配的性质了。

3.5.3 均匀设计法

前面讨论的正交试验设计,是利用正交表安排试验的均衡分散性与整齐可比性,可用较少的试验的均衡分散性与整齐可比性设计方法。为了保证整齐可比性的特点,简化数据处理,试验点不能在试验范围内充分地均衡分散,因此试验点不能过少。由于这一原因,当欲考察的因素数较多,特别是因素水平数较多时,正交试验设计的试验次数仍然很多。例如,要考察 5 个因素的影响,若每个因素有 5 个水平,用正交表安排试验,至少要进行 25 次试验,试验工作量仍然不少,如果不考虑试验数据的整齐可比性,而让试验点在试验范围内充分地均衡分散,则可以从全面试验中挑选出比正交试验设计更少的试验点作为代表进行试验,这种着眼于试验点充分的均衡分散的试验设计方法,称为均匀试验设计法。

均匀设计表是我国数学家方开泰应用数论方法构造出来的,同正交设计一样,均匀试验设计也需要用规格化的表格来安排试验,用来安排试验的规格化表格,称为均匀设计表,又称 U 表。其表示形式为 $U_n(t^q)$,其中,n 表示试验次数为因素,t 为因素数水平数,q 为因素数。如 $U_{11}(11^{10})$ 表示 10 因素 11 水平表,总共需进行 11 次试验。均匀设计表具有以下特点:

(1)表中安排的因素及其水平的每个因素的每个水平只做一次试验,也即每 1 列无水平重复数。

(2)均匀设计表的试验次数与水平数相等,因而水平数与试验次数是等量增加的。

(3)试验点的分布很均匀,且表中的各列不能随意变动。但可以依原来的次序进行平滑,即将原表的第 1 个水平和最后 1 个水平连接起来,构成一个封闭圈,再从任意处开始,按原方向或反方向进行排序。

与正交试验设计相比,均匀试验设计的特点如下:

(1)试验工作量少,这是均匀设计的一个突出优点。例如,考察 5 个因素的影响,每个因素有 5 个水平,用正交表安排试验,至少要进行 25 次试验,而用均匀试验设计表来安排 5 因素 5 水平试验,只需进行 5 次试验。虽然试验点减少了很多,但试验结果仍能反映分析体系的基本特征。

(2)在正交设计中,当考察某一因素各水平的效应时,其他因素与待考察因素各水平组合的机会是相等的,正交设计表中各列的地位是相等的,因此欲考察的因素安排在任何一列都是允许的。均匀设计表则不同,表中各列的地位是不平等的,因此,因素安排在设计表格的哪 1 列是不能随便变动的,需根据试验中欲考察的实际因素数,依照附在每一张均匀设计表后的使用表来确定因素所应处的列号。如对于 $U_{11}(11^{10})$ 表,如果只安排 2 因素 11 水平试验,则将因素安排在第 1 列与第 7 列,若考察 4 个因素,则将因素安排在第 1、第 2、第 5、第 7 列。

(3)由于试验安排的特点,试验数据失去了整齐可比性,因此,不能像正交试验设计那样,用方差分析来处理数据,而要用回归分析法来处理试验数据,计算量较大。

(4)由于均匀试验设计法的试验次数少,试验精度差,为了提高试验精度,可采用试验次数较多的均匀设计表来重复安排因素各水平的试验。例如,考察 5 个因素的影响,每个因素取 6 个水平,可选用 $U_{13}(13^{12})$ 表安排试验。根据均匀设计表的使用表,将因素 A, B, C, D, E 分别安排在均匀设计表相应的列内,再将该表的第 13 号试验划去,并将各因素 6 个水平的每一水平在均匀设计表中重复安排一次,如将因素 A 的水平 1 安排为第 1 与第 2 号试验,水平 2 安排为第 3 与第 4 号试验,水平 3 安排为第 5 与第 6 号试验,水平 4 安排为第 7 与第 8 号试验,水平 5 安排为第 9 与第 10 号试验,水平 6 安排为第 11 与第 12 号试验。试验的具体安排见表 3.9。

表 3.9 重复水平试验的具体安排表

试验号	列号,因素									
	1 列,A		2 列,B		3 列,C		4 列,D		5 列,E	
1	1	A_1	6	B_3	8	C_4	9	D_5	10	E_5
2	2	A_1	12	B_6	3	C_2	5	D_3	7	E_4
3	3	A_2	5	B_3	11	C_6	1	D_1	4	E_2
4	4	A_2	11	B_6	6	C_3	10	D_5	1	E_1
5	5	A_3	4	B_2	1	C_1	6	D_3	11	E_6
6	6	A_3	10	B_5	9	C_5	2	D_1	8	E_4
7	7	A_4	3	B_2	4	C_2	11	D_6	5	E_3
8	8	A_4	9	B_5	12	C_6	7	D_4	2	E_1
9	9	A_5	2	B_1	7	C_4	3	D_2	12	E_6
10	10	A_5	8	B_4	2	C_1	12	D_6	9	E_6
11	11	A_6	1	B_1	10	C_5	8	D_4	6	E_3
12	12	A_6	7	B_4	5	C_3	4	D_2	3	E_2
13	13		13		13		13		13	

由于均匀试验设计只需进行少量的试验即可找到基本上适用的分析条件,它在零星样品的快速分析、确定待考察的试验范围、试验条件的初选方面都大有用处。

当研究 m 个因素对响应值 Y 的影响时,在不考虑因素高次项与因素之间交互作用的条件下,只需选用试验次数等于因素数的均匀设计表来安排试验就可以了,而当要考虑因素的高次项与因素之间的交互作用时,需用多项式回归来描述相应函数。若研究的因素为 m,在回归方程中,一次项与二次项各有 m 项,交互项有 G_m^2 项,共有 $(2m+G_m^2)$ 项,因此至少要选用 $(2m+G_m^2)$ 次试验的均匀设计表来安排试验。例如,要研究3因素的影响,如果因素与响应值之间的关系为线性,选用 $U_5(5^4)$ 表安排试验;当各因素与响应值之间的关系为二次多项式,而又要考虑因素之间的交互作用时,则回归方程的一次项与二次项各有3项,因素之间的交互作用项有 $G_m^2=3$ 项,除常数项不计外,在回归方程中至少有9个待定系数,因此应选用 $U_9(9^6)$ 表来安排试验。

在安排试验之前,应根据专业知识来判断与选择回归方程中的交互作用项与高次项,对于那些对响应值没有显著影响或影响较小的作用项与高次项应尽量不安排在试验中,以减少试验工作量。

均匀试验设计主要根据因素水平来选用均匀设计表,并按均匀使用表来安排试验方案,但是在试验方案设计时不考虑因素间的交互作用。

试验结果采用直观分析法。由于均匀设计允许的因素水平数较多,水平间隔较小,研究因素的范围宽,试验点在整个试验区域内分布均匀,试验结果具有较好的代表性,所以响应值最佳的试验点所对应的试验条件,即使不是全面试验中的最佳条件来说,也是最接近于全面试验的最佳条件,因此可以直接采用它作为相对较优的试验条件来使用。

3.6 敏感性分析

3.6.1 简述

敏感性分析(sensitivity analysis)(也称为灵敏度分析),就是假设模型表示为 $y=f(x_1,x_2,\cdots,x_n)$(x_i 为模型的第 i 个属性值),令每个属性在可能的取值范围内变动,研究和预测这些属性的变动对模型输出值的影响程度,将影响程度的大小称为该属性的敏感性系数。敏感性系数越大,说明该属性对模型输出的影响越大。敏感性分析的核心目的就是通过对模型的属性进行分析,得到各属性敏感性系数的大小,在实际应用中根据经验去掉敏感性系数很小的属性,重点考虑敏感性系数较大的属性。这样就可以大大降低模型的复杂度,减少数据分析处理的工作量,在很大程度上提高了模型的精度,同时研究人员可利用各属性敏感性系数的排序结果解决相应的问题。

根据敏感性分析的作用范围,将其分为局部敏感性分析和全局敏感性分析。局部敏感性分析只检验单个属性对模型的影响程度;而全局敏感性分析检验多个属性对模型结果产生的总影响,并分析属性之间的相互作用对模型输出的影响。局部敏感性分析因其在计算方面的简单快捷,故具有很强的可操作性,现在大量实际应用中都采用这种方法。

由于敏感性分析方法是在模型的基础上进行操作的,根据建模方法的不同将其分为有模型的和无模型的两类。对于待解决的数据分析问题,若对它的内部机理十分清楚,能够准确得到模型表示 $y = f(x)$,那就可以在此基础上直接进行敏感性分析,但是在实际问题中,这种情况十分少见。在大部分情况下,面对庞大的数据,人们无法清楚地了解其内部规律,无法进行机理建模。于是在早期的研究中,人们借助统计知识来建立模型,最常见的模型就是多元线性回归模型。在此基础上,由 Conover 于 1975 年提出,并由 McKay 等人于 1979 年正式发表的基于拉丁几何取样的多元回归方法;20 世纪 70 年代提出的傅里叶敏感性检验法;Saltelli 和 Marivoet 于 1990 年提出的利用非参数统计方法进行敏感性分析的方法;Marivoet 1991 年提出的 Morris 法,Sobol 于 1993 年提出的方差分解法等。随着各个研究领域内各种问题的涌现,利用统计方法建模逐渐显示出它的局限性:当模型属性太多或者得到的结果与属性之间是一种非线性关系时,采用统计方法处理得到的结果不理想,精度达不到要求。随之人们开始采用人工神经网络的方法来建立模型。对于神经网络模型来说,只需要知道输入变量数据和输出数据,并不需要先验知识的辅助,它自身能够对训练数据集进行训练和学习,用大量简单的人工神经元模拟数据间的非线性关系,并且能自适应调节神经元之间的连接权重,此建立能够较好反映数据真实情况的网络结构。许多研究者在这个方面做出了杰出的贡献:Garson 在 1991 年提出了 Garson 算法;Olden 和 Jackson 等人在 2002 年提出了随机化检验方法;Muriel Geverya 等人在 2005 年提出了 PaD2 方法等。

敏感性分析归纳起来分为单因素分析法和多因素分析法。单因素分析法本质上都是先选定一个指标值,变化其中一个因素,同时假定其他因素保持不变,然后比较基准值随因素变化的大小。该方法能够比较直观地反映各因素对基准值的影响,但是需要一定的假设前提,与实际情况不符。多因素分析法中有正交设计、GIS、基于正交设计的 RBF 人工神经网络等方法,它们的共同特点是采用概率统计原理与电子计算机技术使试验次数和计算工作量有了一定程度的减小,但当因素和水平都较多时,试验次数和计算量依然很大,给试验和数值分析带来困难。

近些年来,随着敏感性分析研究的发展和深入,敏感性分析也被应用在许多领域:①经济领域,在对投资项目风险估计的研究中应用敏感性分析方法对净现值(NPV)、内部收益率(IRR)等多个经济指标进行处理,为投资决策提供参考;②生态领域,对极其复杂的生态系统采用敏感性分析,筛选出对生态模型起主导作用的属性,在生态研究和保护中予以重视;③工程领域,敏感性分析可以为工程问题提供合理安排计算的依据,提高了计算效率,并且根据敏感性分析的结果,可以对勘测、施工质量的控制起指导作用,便于对结构安全性进行校验和评价;④化学领域,在许多可逆反应中会产生许多的潜在的相关化学反应,或者化学反应机理不是特别明确,敏感性分析在这些问题的处理中发挥了很大的作用。

3.6.2 敏感性分析的目的和任务

一般说来,不确定性是风险性的根源,但是各种不确定性给项目评价指标带来的风险程度也不都是一样的,敏感性强的因素变化给项目评价指标带来的风险更大。因此,敏感性分析的核心问题是,在了解给定情况下项目的一些最不确定的因素,并知道这些因素对该项目的影响程度之后,事前采取适当的措施和对策,从许多影响项目评价指标因素中找出敏感性因素,目的在于是提高项目评价指标稳定性和可靠性,从而最终在合理的基础上为项目的决策提供科学依据。其主要任务有以下四项:

(1)研究影响因素的变动将引起的项目评价指标的变动范围。

(2)找出影响项目评价指标的最关键因素,并进一步分析与之有关预测或估算数据可能产生不确定性的根源。

(3)通过可能出现的最有利与最不利的项目评价指标范围分析,对原方案进行调整与控制,或者寻求新方案代替原方案,确定稳妥、可靠的最现实方案,以防止或减少损失,增加效益。

(4)通过多方案敏感性的大小对比,区别敏感性大或敏感性小的方案,以选取敏感性小的方案。

3.6.3 敏感性分析的步骤

1. 选择敏感性分析的指标

一般说来,投资决策在决策拟建项目是否可行时,事先都有个期望获得的经济效益指标,或是投资回收期,或是投资收益率。这些指标值往往是最起码的经济效益指标,即在没有任何不确定因素,不担任何风险的情况下,才可以接受的经济效益指标值。在有不确定因素和风险较大的情况下,就要求拟议中投资项目的经济效益指标大于设定的期望值,并保证具有较大的安全利益值方可。

敏感性分析指标是用以衡量敏感度的指标或标准,与着手进行的任务及其目的有关。在项目的初期研究阶段,各种经济数据不完全,可信程度不高,常使用简单投资收益率和投资回收期指标;在项目的初步可行性研究和详细可行性研究阶段,经济评价指标主要采用净现值和财务内部收益率,通常辅之以投资回收期指标。敏感性分析的指标应与经济评价指标一致,不应超出所选用的经济评价指标。当经济评价指标不少于两个时,敏感性分析可以围绕其中最重要的一个或部分指标进行。

2. 选取不确定性因素

总体上说,项目经济评价的每一个变量和参数都可能构成项目的不确定性因素,如产品产量、质量、产品价格、销售数量、经营成本、建设投资、建设工期、销售收入、企业管理水平、职工素质等。

在实际工作中,不需要也不可能对全部可变因素逐个进行敏感性分析。应根据具体需要,认真地加以选择,以提高敏感性分析的效率。选择的原则是,第一,变动可能性较大,且估计其变动将会对项目的经济效益产生较大影响的因素;第二,本方案中,数据准确性把握不太大的因素。

因此,进行敏感性分析的不确定因素通常有:①产品销售量;②产品销售价格;③经营成本;④投资(建设投资合动资金);⑤建设工期等。

3.计算敏感性强弱程度,找出敏感性因素

在确定了敏感性分析指标和不确定因素以后,在基本方案的基地设定不同的变动幅度,将变化后的效值引入项目的经济计算中,从而测算出敏感性分析指标的相应变动结果,然后将测算的结果加以汇集整理,列成敏感性分析表(见表3.10),以表示出各个不确定因素在不同变化幅度下,敏感性分析随指标变化的对应数量关系,便于找出并分析敏感性因素。

表 3.10　敏感性分析表

序号	基本方案	变化率/(%)	敏感性分析指标		
1	分析因素 1		内部收益率/(%)	贷款偿还期年……	……
2	分析因素 2				
3	分析因素 3				
4	分析因素 4				

上述分析过程只是计算某特定因素(单因素)变动对经济评价指标的影响,并假定其他因素不变。但未来的生产经营中可变因素有关系,相关关系,相互制约关系。变量的改变不是孤立的,出现的概率也不是相同的,因而要使敏感性分析更具真实性、定量性,还需要进行多因素的不确定性分析。

3.6.4　敏感性分析法的分类

1.单因素敏感性分析

每次只变动一个因素而其他因素保持不变时所做的敏感性分析,称为单因素敏感性分析

单因素敏感性分析在计算特定不确定因素对项目经济效益影响时,必须假定其他因素不变,实际上这种假定很难成立。可能会有两个或两个以上的不确定因素在同时变动,此时单因素敏感性分析就很难准确反映项目承担风险的状况,因此尚必须进行多因素敏感性分析。

2.多因素敏感性分析

多因素敏感性分析是指在假定其他不确定性因素不变条件下,计算分析两种或两种以上

不确定性因素同时发生变动,对项目经济效益值的影响程度,确定敏感性因素及其极限值。多因素敏感性分析一般是在单因素敏感性分析基础上进行的,且分析的基本原理与单因素敏感性分析大体相同,但需要注意的是,多因素敏感性分析必须进一步假定同时变动的几个因素都是相互独立的,且各因素发生变化的概率相等。

敏感性分析是一种动态不确定性分析,是评估中不可或缺的组成部分。它用以分析指标对各不确定性因素的敏感程度,找出敏感性因素及其最大变动幅度。但是这种分析尚不能确定各种不确定性因素发生一定幅度的概率,因而其分析结论的准确性就会受到一定的影响。实际生活中,可能会出现这样的情形:敏感性分析找出的某个敏感性因素在未来发生不利变动的可能性很小;而另一因素在敏感性分析时表现出不太敏感,但其在未来发生不利变动的可能性却很大。为了弥补敏感性分析的不足,在进行评估和决策时,尚需进一步做概率分析。

另外,还可根据所采用分析工具的不同,把现有的、主要的敏感性分析方法分为基于数理统计、基于神经网络和粗糙集中属性重要性的三种分析方法。

第4章 粉煤灰、碱渣改良膨胀土的试验研究

4.1 粉煤灰、碱渣的强度形成机理

4.1.1 碱渣的强度机理

碱渣的含水率很高,塑限和液限在通常状态下都比普通土要高很多。在风干状态下,碱渣的含水率下降很快,在完全风干的情况下,碱渣将呈现较松散的粉末状,孔隙多,强度也比较低。但是,通过一些试验发现,在一定的含水率条件下,碱渣将会有一定的强度和抵抗变形能力,经分析可得碱渣的强度可能来源于两个方面:黏聚力和摩擦力。

黏聚力主要来源于以下几个方面:①碱渣内部的碳酸钙以及硅、铝、铁等的氧化物与碱渣颗粒之间的胶结作用,这种胶结力有时候高达几万 N/m^2 的强度;②颗粒之间的范德华力;③碱渣颗粒之间以及矿物原子和吸附水之间的主价键结合和黏聚;④由吸附在碱渣表面上的水的吸引力以及水的表面张力所产生的毛细管应力;⑤表面机械力,碱渣颗粒的形状和因挤密而引起的黏聚力能在没有物理化学吸引的系统中的粒间黏聚力。摩擦力来源于碱渣颗粒之间的滑动摩擦以及凹凸面的镶嵌作用。

通过前面对碱渣颗粒的电镜扫描可知,碱渣颗粒中的这些胶结力并不是很大,而要想广泛地利用碱渣,提高碱渣的强度,就必须破坏碱渣团聚体的骨架,以消除它们之间的孔隙。

4.1.2 粉煤灰的强度形成机理

本章主要研究碱渣和粉煤灰液相混合所制取碱渣土的工程性质,由于粉煤灰在整个试验过程中占有较大的比例,所以,粉煤灰的物理化学及其工程特性也将对这个研究产生很大的影响,故对粉煤灰进行简要的研究是很有必要的。

1. 粉煤灰的化学组成

本章试验中所用的粉煤灰均来自山东海化集团电厂产生的废料。它是电厂将原煤磨成粉末喷进锅炉进行燃烧后的产物,虽然由于燃煤条件的不同,产生的粉煤灰的化学成分会有一定的差异,但是,粉煤灰的主要成分并没有太大的差异,硅、铝和铁的氧化物占有较大的比例,钙、硫以及镁的化合物也占有一定的比例。表 4.1 列出了山东海化集团粉煤灰的主要成分。

表 4.1　粉煤灰的化学成分

成分	SiO$_2$	Al$_2$O$_3$	Fe$_2$O$_3$	CaO	MgO	S	烧失量
含量/(%)	51.64	25.17	13.24	3.23	2.51	1.07	3.14

此外,在粉煤灰中还含有镉、砷、铅等有害物质,但是,通常情况下,粉煤灰中的有害物质的含量低于允许值。

2.粉煤灰的颗粒分析试验

为了进一步了解粉煤灰的微观结构和粉煤灰的粒度成分,利用激光粒度分析仪对海化集团电厂的粉煤灰进行了颗粒分析试验。试验时取两份从现场取回来的试样,作为平行试验,做到精确测量。试验结果如图 4.1 和图 4.2 所示。

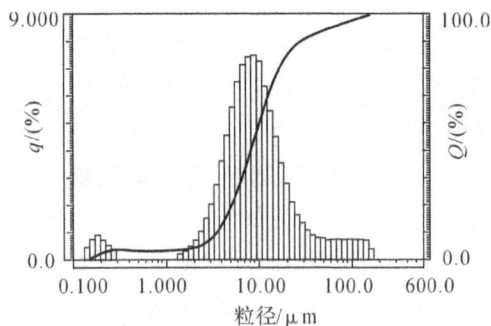

图 4.1　粉煤灰试样 1

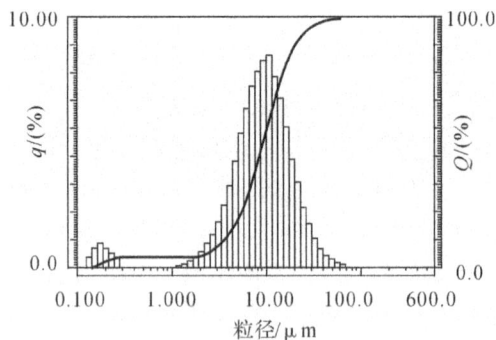

图 4.2　粉煤灰试样 2

由图 4.1 和图 4.2 试验结果可知,粉煤灰的粒径分布在 1.0~35.0 μm 之间,其中,粒径在 1.0~10.0 μm 间的颗粒约占 55%,10.0~35.0 μm 间的颗粒约占 35%,35.0~100 μm 间的颗粒约占 7%,粒径大于 100 μm 的颗粒约占 3%。

3.粉煤灰的工程特性

(1)自重。粉煤灰中的结晶类矿物较少,主要组成为硅、铝为主的非晶态玻璃球体,而黏性土大都由石英、长石和黏土矿物组成,这就导致粉煤灰的相对密度小于黏性土,一般重度在 6 kN/m^3 左右,击实后的干密度为 0.90~1.36 g/cm^3。自重小对回填土工程产生有利的一面,这样可以减少基础下土层的压力。

(2)击实性能。粉煤灰的颗粒变化区间比较大,这就使它具有可被振动压实的特性,粉煤灰击实曲线的峰值对应有较大的最优含水率区间,且比一般土要大些。这就说明,粉煤灰在相当大的含水区间内可以被压实,这也方便了施工中对含水量的把握。

(3)压缩性。粉煤灰的压缩性在中等压缩至高压缩范围内,随含水量的不同会不断变化,饱和状态最大。大量试验表明,粉煤灰的压缩系数 $a_{1,2}$ 为 0.16~1.64 MPa^{-1},压缩模量 E_0 为

2.20~16.34 MPa。当粉煤灰用作基础回填时,应考虑沉降变形。

(4)渗透性。粉煤灰的渗透系数与颗粒粒度以及结构密实度等信息有关,松散的粉煤灰颗粒其渗透系数 K 比较大,为 $10^2 \sim 10^3$ cm/s;而细颗粒粉煤灰因结构比较密实,渗透系数 K 为 $10^3 \sim 10^4$ cm/s。因 K 受多种因素的影响,会随着时间的延续而降低,因此,在工程中应考虑长期渗透对 K 的影响,避免引起事故。

(5)抗剪强度。利用直剪仪对粉煤灰进行直剪试验可得 C 值在 $0 \sim 43$ kPa,平均值为 10.8 kPa;φ 值在 $26° \sim 43°$,平均值为 $33°$。由三轴试验测得粉煤灰的饱和不排水强度指标为 $C_{cu} = 0$,$\varphi_{cu} = 34° - 35°$。由于粉煤灰的硬凝作用,C 值随着时间的增长而增大。

(6)承载能力。粉煤灰垫层经压实后,由承载能力试验可知,粉煤灰的强度遇水后会降低,压实系数为 0.89~0.92 时的浸水垫层的地基承载力特征值可采用 120~150 kPa,必须满足软弱下卧层的承载力与变形的要求。

(7)对环境的影响。粉煤灰用于回填土工程时,它所含有的可溶性盐、硼以及其他有毒元素如果含量过高就会对地下水造成污染,还会造成土壤的板结。另外,粉煤灰还有一定的腐蚀性,因此,若用于地下工程时还应对地下铺设的构件进行防腐处理。

4.1.3　粉煤灰掺入碱渣后的强度提高机理

碱渣土是利用碱渣和一定量的粉煤灰按照一定比例拌和制成的具有较高强度的工程土。将粉煤灰的颗粒通过拌和填充于碱渣团聚体颗粒之间,使碱渣土体的孔隙减小,土体的密实度增加,能使碱渣土的强度有所增加。另外,粉煤灰能吸收碱渣中的水分,对碱渣土的干密度起到了较大作用。

1. 粉煤灰的水化作用

对粉煤灰研究后发现它具有火山灰的性质,能发生自身硬化。火山灰的活性主要来自于其中硅铝组成的玻璃体,这种玻璃体越多,其活性就越高。

粉煤灰的水化作用首先是粉煤灰中的 CaO 与碱渣中的水相互作用,形成 $Ca(OH)_2$,反应如下:

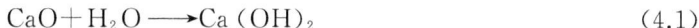

$$CaO + H_2O \longrightarrow Ca(OH)_2 \tag{4.1}$$

这些氢氧化钙与二氧化硅和三氧化二铝发生水化反应,生成水化硅酸钙和水化铝酸钙:

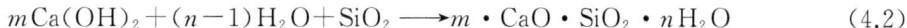

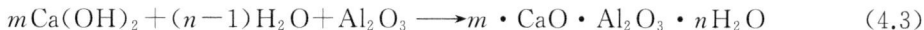

$$mCa(OH)_2 + (n-1)H_2O + SiO_2 \longrightarrow m \cdot CaO \cdot SiO_2 \cdot nH_2O \tag{4.2}$$

$$mCa(OH)_2 + (n-1)H_2O + Al_2O_3 \longrightarrow m \cdot CaO \cdot Al_2O_3 \cdot nH_2O \tag{4.3}$$

碱渣中还含有很多硫酸钙,它们可以和这些水化物反应生成水化铝酸钙:

$$mCaO \cdot Al_2O_3 nH_2O + nCaSO_4 \cdot 2H_2O \longrightarrow mCaO \cdot Al_2O \cdot CaSO_4(n+2)H_2O \tag{4.4}$$

水化硅酸钙、水化硫酸钙和水化铝酸钙都是水硬性化合物,它们包裹在粉煤灰玻璃体表面,并逐渐形成交织状结晶体,对碱渣颗粒起到胶结作用,从而提高其强度。

2. 重结晶在提高碱渣强度中的作用

水化反应进行得比较慢,需要一定的时间才能完成,表现在碱渣土的宏观性质上就是具有一定的龄期。取干密度 $\rho_d = 0.91$ g/cm³,含水量 $\omega = 65.9\%$,碱渣:粉煤灰质量比$=10:1$的土样进行无侧限抗压试验,结果如表 4.2 所示。

表 4.2 无侧限抗压试验结果

养护时间/d	7	28	90
无侧限抗压强度/MPa	0.08	0.17	0.19

以上数据表明 28 d 后硬化基本结束,强度提高为原来的 2 倍左右。根据碱渣土的直剪试验,养护 7 d 后,碱渣与粉煤灰混合物的强度比纯碱渣的强度提高了约 4 倍。这说明,除了粉煤灰的活性以外,还有其他更重要的因素影响着碱渣土的强度,而且这样的因素在短时间内就能发生作用。这个因素即为粉煤灰中的氧化钙可以和水反应生成氢氧化钙。这个反应进行得很快,短时间内就能完成,钙离子和氢氧根离子的增加,使得下列反应得以进行:

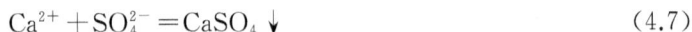

$$Ca^{2+} + CO_3^{2-} = CaCO_3 \downarrow \qquad (4.5)$$

$$Mg^{2+} + 2OH^- = Mg(OH)_2 \downarrow \qquad (4.6)$$

$$Ca^{2+} + SO_4^{2-} = CaSO_4 \downarrow \qquad (4.7)$$

从上面反应式可以看出,粉煤灰主要从以下几个方面来提高碱渣土的强度:

(1)氧化钙吸水,降低了碱渣的含水量;

(2)碱渣孔隙水中的离子发生交换反应,产生沉淀,增加了固形物,同时结晶物在颗粒之间起到了胶结作用,提高了碱渣的强度;

(3)$CaSO_4$ 和 OH^- 可激发粉煤灰的活性,提高其胶凝性,而碱渣中正含有一定量的 $CaSO_4$ 和 $Mg(OH)_2$,适当提高 $CaSO_4$ 的掺量,其活性激发作用增强;

(4)粉煤灰的颗粒填充在碱渣的颗粒中,增加了碱渣土的密实度,从而提高了碱渣土的强度。

此外,由于粉煤灰颗粒细小,可填充在大颗粒的空隙中,起到提高密实度的作用,其颗粒凹凸不平的表面使之具有强吸附的特性等也是粉煤灰对碱渣起到强度提高作用的方面。

4.2 改良土的基本物理特性

4.2.1 颗粒分析试验

由颗粒分析试验可以得到粒径分布曲线,按粒径分布曲线可以求得:土中各粒组的土粒含量,用于粗粒土的分类和大致评估土的工程性质;某些特征粒径,用于建筑材料的选择和评价土级配的好坏。土颗粒的颗粒级配是决定土的工程性质的重要因素,级配良好的土,压实时能达到很高的密实度,强度高,压缩性低。

1. 试验过程

本次试验采用筛分法和比重计法相结合的方法,具体方法如下:

筛析法:适用于粒径大于 0.075 mm 的土。

首先按照不同比例将膨胀土和粉煤灰、碱渣搅拌在一起,使两者充分混合。然后称取 200 g 的混合样,称量准确至 0.1 g,将混合样通过一套孔径由大到小的筛子,筛子的孔径从上到下分别是 2.0 mm,0.5 mm,0.25 mm,0.075 mm。将这些筛子放置在振筛机上震摇 10~15 min,然后称出留在各级筛上的土粒的质量,按照下式计算小于某土粒粒径的土粒质量分数:

$$X = \frac{m_i}{m} \times 100 \qquad (4.8)$$

式中,m_i,m 分别为小于某粒径的土粒质量及试样总质量,g。

密度计法:利用不同大小的土粒的沉降速度不同来确定小于某粒径土粒含量,适用于粒径小于 0.075 mm 的土。将用筛分法得到的粒径小于 0.075 mm 的混合样倒入三角烧杯中,注入蒸馏水 200 mL,浸泡过夜;然后加入分散剂六偏磷酸纳,将三角烧杯稍加摇荡后放在煮沸设备上煮沸 40 min;待冷却后,将悬液倒入量筒中,然后向量筒中加入蒸馏水,直至 1 000 mL。用搅拌器在量筒内沿整个悬液深度上下搅拌 1 min,往返各约 30 次,使悬液均匀分布;取出搅拌器,同时开动秒表,将比重计放入悬液,测记 0.5 min,1.5 min,15 min,30 min,60 min,120 min,240 min 及 1 440 min 的比重计读数。然后按照下列公式计算小于某粒径的混合样的质量分数。

$$X = \frac{100}{m_s} C_G (R_m + m_t - C_D) \qquad (4.9)$$

式中,X ——小于某粒径的土质量分数,%;

　　　m_s ——试样质量,g;

　　　C_G ——比重校正值;

　　　R_m ——比重计校正值;

　　　C_D ——分散剂校正值;

　　　m_t ——温度校正值。

2. 试验结果分析

根据以上试验过程,测得各粒组的颗粒质量分数如表 4.3 所示,由表 4.3 可得改性土的级配曲线,如图 4.3 所示,根据掺粉煤灰、碱渣率的改变,绘制出砂粒、粉粒和黏粒含量随着掺粉煤灰、碱渣率的增大的具体变化图,如图 4.4 所示。

表 4.3　粉煤灰、碱渣改性土的颗粒的质量分数

掺粉煤灰、碱渣率/(%)	颗粒的质量分数/(%)			C_u	C_c
	>0.075 mm	0.075～0.005 mm	<0.005 mm		
0	1.025	68.371	30.604	15	1.67
10	3.811	67.643	28.546	18	1.56
20	6.133	67.036	26.831	16.67	1.5
30	8.097	66.523	25.380	16.15	1.36
40	9.781	66.083	24.136	13.75	1.24
50	11.24	65.701	23.059	11.67	1.30

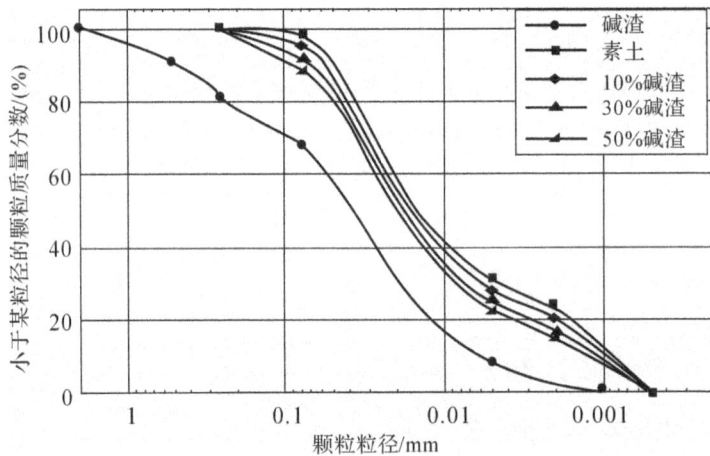

图 4.3　粉煤灰、碱渣改性土的颗粒级配曲线

由表 4.3 可知,在掺入不同比例的粉煤灰、碱渣进行改良后,原有的颗粒级配发生了明显的变化。就变化趋势而言,随着掺粉煤灰、碱渣率的增加,砂粒含量呈上升趋势,粉粒和黏粒质量分数呈下降趋势。这一点从图 4.3 上也可以看出,改性土的颗粒级配曲线随着掺粉煤灰、碱渣率的增加逐渐向左平移。从改性土的颗粒级配曲线上还可以得出,改性土的不均匀系数 C_u =11.67～18.00,曲率系数 C_c =1.24～1.56,级配良好,便于压实。

从图 4.4 上可以明显看到改性土随着掺粉煤灰、碱渣率的增加,土颗粒中的砂、粉粒和黏粒的变化趋势。砂粒质量分数从改良前的 1.02% 上升到改良后的 11.24%,得到了显著的提升;粉粒质量分数从改良前的 68.37% 降低到改良后的 65.70%,只是略微减少,变化不大;黏粒质量分数从改良前的 30.60％降到改良后的 23.06％,质量分数明显降低了。砂粒质量分数的显著增加和黏粒质量分数的显著减少,这一变化趋势验证了粉煤灰、碱渣和膨胀土之间存在离子交换作用,生成络合物使土粒凝聚,使颗粒变粗,并且粉煤灰、碱渣本身就是一种无黏性的类似于粉土的材料,碱渣质量分数的增加可有效降低黏粒的质量分数,起着降低膨胀势的作用。

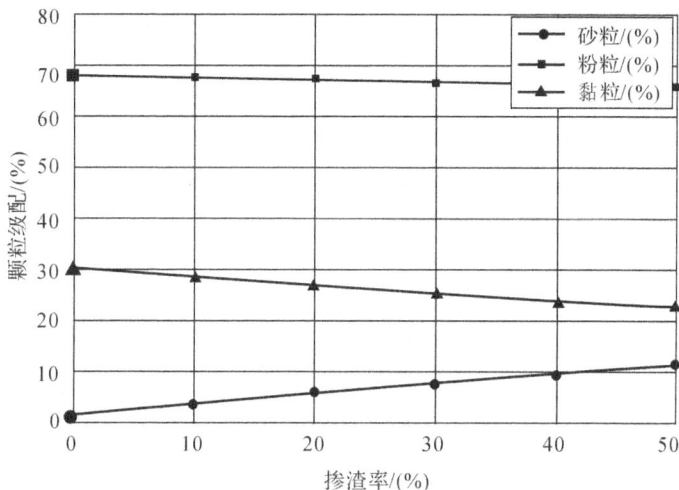

图 4.4　膨胀土掺入不同比例粉煤灰、碱渣后颗粒级配的变化趋势

4.2.2　界限含水率试验

稠度是用于表达黏土颗粒的干湿程度或者在某一含水率下抵抗外力作用而变形或破坏的能力,通常用硬、可塑、软和流动等术语来描述。界限含水率是用来区分土从一种状态过渡到另一种状态的界限,也称为稠度界限或者阿太堡界限。膨胀土主要由亲水性黏土矿物组成,具有比表面积大、扩散双电子层厚的特点,与一般的黏性土相比,膨胀土颗粒表面吸附的水膜较厚,所保持的薄膜水量也较多,因此膨胀土一般具有高液限、高塑性指数的特点。

1. 试验过程

本次试验采用的是液塑限联合测定法测定界限含水率,所用仪器液、塑限联合测定仪如图 4.5 所示。参照《公路土工试验规程》,试验过程如下。

(1)取膨胀土和粉煤灰、碱渣的风干样,然后将两者用木棒在橡皮板上压碎,过 0.5 mm 的筛子,将过筛后的土样和粉煤灰、碱渣按照一定的比例混合在一起,充分拌和,然后放置一天。

(2)取放置一天后的混合样 200 g,分别放入三个盛土杯中,加入不同的蒸馏水,用调土刀调匀。注意将混合样放入盛土杯中时,要用力压密,使空气逸出,不要有孔隙,填满后刮平表面。

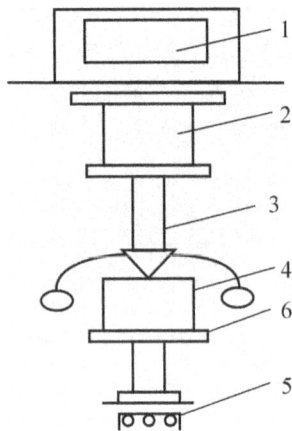

图 4.5　塑限联合测定仪

1—显示屏；2—电磁铁；3—圆锥仪；4—盛土杯；5—控制开关；6—升降座

(3)将盛土杯放在联合测定仪的升降座上，在圆锥尖抹一薄层凡士林，转动升降按钮，使得锥尖与土样表面刚好接触时停止升降，扭动下降按钮，锥子下降，经 5 s 后读取锥子下降深度，取出圆锥附近不少于 10 g 的土样放入量盒内测定含水率。

(4)三个盛土杯的锥子下降深度分别是，一个在 5 mm 以下，一个在 20 mm 附近，一个介于两者之间，如不是可重复以上试验。最后根据锥子深度和含水率的关系测得混合样的液、塑限。

塑性指数是一个能反映黏性土性质的综合性指标，可表示处于可塑状态下的土的含水率的变化幅度，也在一定程度上反映了弱吸着水的含量。土中弱吸着水的含量与土粒大小、土粒矿物成分以及水膜中阳离子成分和浓度有关。一般情况下，塑性指数越高，土中黏粒含量越高。塑性指数可由液限和塑限之差的百分数值表示，即

$$I_p = \omega_L - \omega_P \tag{4.10}$$

式中，I_p——塑性指数；

　　ω_L——液限，%；

　　ω_P——塑限，%。

2.试验结果分析

根据以上试验过程，所测得的不同掺粉煤灰、碱渣率下的粉煤灰、碱渣改性土的液、塑限如表 4.4 所示，液、塑限随着掺粉煤灰、碱渣率的变化关系如图 4.6 所示，塑性指数与黏粒含量的关系图如图 4.6 所示。

表 4.4　不同掺粉煤灰、碱渣率下的改性土的界限含水率

掺粉煤灰、碱渣率/(%)	液限/(%)	塑限/(%)	塑性指数/(%)
0	48.1	19.5	28.6
10	44.6	21.4	23.2
20	42.1	23.3	18.8
30	39.5	25.0	14.5
40	38.3	26.2	12.1
50	37.8	27.0	10.8

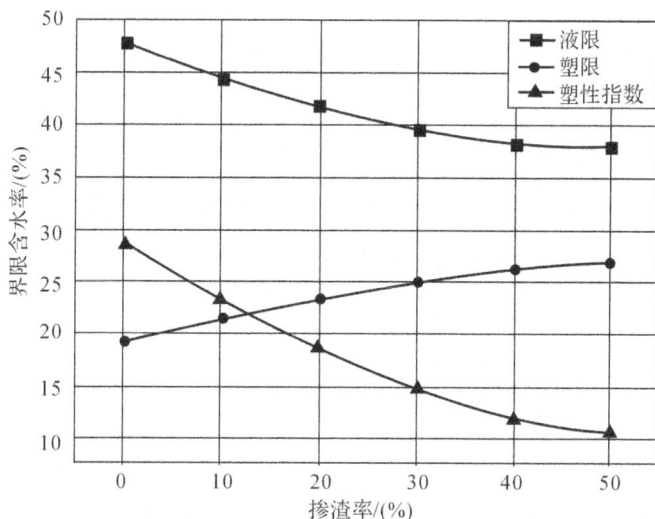

图 4.6　掺粉煤灰、碱渣率与界限含水率的关系

由表 4.4 和图 4.6 所示的试验结果可知：原状膨胀土的液限 ω_L 为 48.1%，大于 40%；塑性指数 I_p 为 28.6，大于 18，因此原状膨胀土是一种高液限、高塑性指数的黏性土，工程性质差，需要改良处理。原状膨胀土掺入掺粉煤灰、碱渣后，液限 ω_L 从 48.1% 降低到 37.8%；塑限 ω_p 从 19.5% 上升到 27.0%；塑性指数 I_p 从 28.6 降低到 10.8。掺入不同比例的粉煤灰、碱渣后，可见改性土的液限下降，塑限上升，塑性指数下降，土的工程性质得到改良。

掺粉煤灰、碱渣率为 10% 时，改性土的液限 ω_L 为 44.6%，塑性指数 I_p 为 23.2，可见液限和塑性指数已得到明显的改善；掺粉煤灰、碱渣率为 30% 时，改性土的液限 ω_L 为 39.5%，塑性指数 I_p 为 14.5，此时 $\omega_L < 40\%$，$I_p < 18$，参照文献可知，此时可认为掺粉煤灰、碱渣率为 30%

的改性土颗粒已经没有膨胀性了。因此掺粉煤灰、碱渣可以极大地改良膨胀土的工程性质,对膨胀势的降低和膨胀的抑制作用是显而易见的。

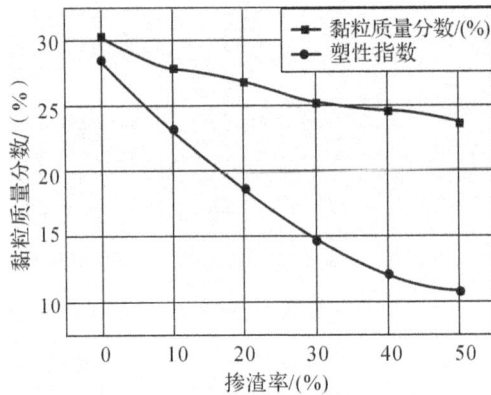

图 4.7　改性土的黏粒含量与塑性指数变化的对应关系

　　图 4.7 所显示的是膨胀土掺入不同比例的粉煤灰、碱渣后黏粒质量分数和塑性指数变化的对应关系图。从图中可以看出,随着掺粉煤灰、碱渣率的增加,黏粒质量分数逐渐减少,同时塑性指数也有较大幅度的降低,两者直接存在很强的对应关系。这就说明了粉煤灰、碱渣的掺入通过改变颗粒级配,使黏粒质量分数降低,从而使液限和塑性指数降低,进而降低土的膨胀性。但在掺粉煤灰、碱渣率为 30％时,改性土的塑性指数的降低趋势就逐渐减弱了,这说明膨胀土的粉煤灰、碱渣掺入量并非是越大越好。

　　塑性是黏性土的共性,它反映了土粒与水的相互作用的程度,在一定程度上反映了土中的黏粒的质量分数和矿物的亲水性。如图 4.7 所示,掺入粉煤灰、碱渣后,掺粉煤灰、碱渣改性土的塑性指数的降低意味着土中的黏粒质量分数的减少及土颗粒的亲水性变弱。土具有塑性的主要原因就是因为黏土矿物表面具有很高的表面能,能把水分子和水化离子吸附在颗粒表面形成双电层水膜,而黏粒通常都带负电,会吸引周围的阳离子构成反离子层。因此阳离子的化学成分和浓度决定了扩散层的厚度和结合水的数量和性质,对土的可塑性产生很大的影响。掺入粉煤灰、碱渣后,粉煤灰、碱渣中的高价 Ca^{2+},Mg^{2+} 易于被土粒表面静电引力吸引,置换黏土颗粒周围的低价阳离子,导致扩散层相对较薄,结合水数量相对较少,导致了土的可塑性降低。

4.2.3　自由膨胀率试验

　　自由膨胀率在一定程度上也能反映黏土矿物成分、粒度大小和交换阳离子性质等基本特性,是反映土的膨胀特性的最直接的量度指标。该指标具有试验设备少、操作简单易行、试验周期短等特点,因此常常用来作为膨胀土判别与分类的指标。它是指松散的烘干土粒在水中和空气中分别自由堆积的体积之差与在空气中自由堆积的体积之比,以百分数表示,用以判定无结构力的松散土粒在水中的膨胀特性。不同的膨胀土具有的黏土矿物成分具有不同的亲水性能,其膨胀性能也表现出显著差异。

1. 试验过程

本次试验参照《公路土工试验规程》,试验仪器如图 4.8 和图 4.9 所示,试验步骤如下。

(1)先取代表性的风干土样和粉煤灰、碱渣并将其碾碎,过 0.5 mm 的筛,将两者按照一定的比例搅拌混合后,放置一天。

(2)取约 50g 混合样放入盛土盒中,移入烘箱烘至恒量,先取出放在干燥器中冷却至室温。然后取出渣土混合样,用匙子通过无颈漏斗将试样倒入量土杯中,并用平口刀轻轻刮平多余土样。

(3)在量筒里注入 30 mL 的蒸馏水,并加入 5 mL 5% 的纯氯化钠溶液,然后将量土杯中的试样倒入量筒内,用搅拌器从上至下将悬液搅拌 10 次,取出搅拌器并将搅拌器中的土粒冲入量筒,最后加蒸馏水使量筒液面至 50 mL 刻度。记录土样在量筒中膨胀稳定后的体积,用下面公式计算自由膨胀率:

$$F_s = \frac{V - V_0}{V_0} \times 100\ \%$$ (4.11)

式中,F_s——自由膨胀率,%;

V——土样在量筒中膨胀稳定后的体积,mL;

V_0——量土杯的体积,mL,即干土自由堆积的体积。

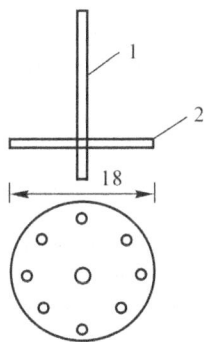

图 4.8　搅拌器示意图
1—直杆;2—圆盘

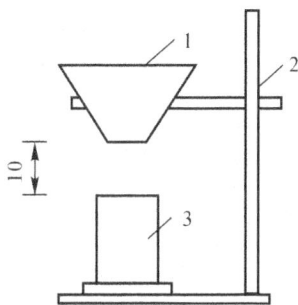

图 4.9　量样装置
1—漏斗;2—支架;3—量土杯

2. 试验结果分析

根据以上试验步骤,所测得的不同掺粉煤灰、碱渣率下的改性土的自由膨胀率见表 4.5,掺粉煤灰、碱渣率和自由膨胀率的关系图如图 4.10 所示。

从表 4.5 可知,原状膨胀土的自由膨胀率为 51%,大于《公路路基施工技术规范》规定的膨胀土判别标准:自由膨胀率大于或者等于 40% 的规定。按照自由膨胀率分类,由 $40\% \leqslant F_s \leqslant$

60%可知,可将其划到弱膨胀土的类别中。从表 4.5 和图 4.10 可见,随着掺粉煤灰、碱渣率的增加,自由膨胀率不断在减小。当掺粉煤灰、碱渣率为 10%时,自由膨胀率降到了 26%,发生了显著的变化,降到了 40%以下。但考虑到表 4.5 中,掺粉煤灰、碱渣率为 10%时,塑性指数为 23.2,大于 18,还可认为膨胀土具有膨胀性,因此需继续增加掺粉煤灰、碱渣率。当掺粉煤灰、碱渣率为 30%,塑性指数为 14.5,小于 18,此时自由膨胀率为 7%,已远远小于 40%,故可认为当掺粉煤灰、碱渣率为 30%时,改性土颗粒已不具有膨胀性。

表 4.5　不同掺渣率下的自由膨胀率

掺渣率/(%)	自由膨胀率/(%)
0	51
10	26
20	12
30	7
40	4
50	2

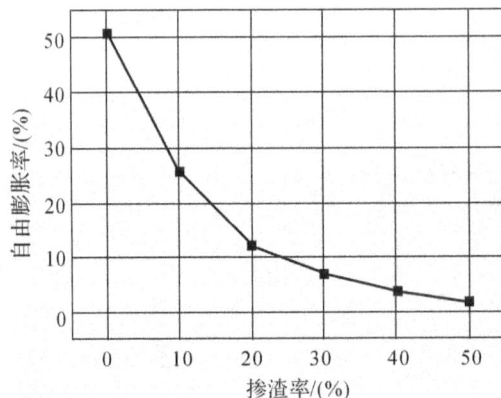

图 4.10　掺粉煤灰、碱渣率与自由膨胀率的关系

4.2.4　无荷载膨胀量试验

无荷载膨胀量试验是衡量膨胀土的膨胀潜势的一个比较理想的判定指标。该试验是用于测定土样在无荷载有侧限条件下,浸水后在高度方向上的单向膨胀与原高度的比值,以百分数表示,对评价膨胀势能可做参考。并且无荷膨胀量随时间的变化关系反映着一定时段内土体

强度降低值的大小,对于公路变形和路堑边坡稳定性来说具有一定的现实意义。

1. 试验过程

本次试验采用膨胀仪测定膨胀土和改性土的无荷载膨胀量,试验过程如下。

(1)用粉煤灰、碱渣和膨胀土按照一定的比例混合闷料后,制备成击实样,养护 7 d 后,取出击实样,用环刀和修土刀将击实样修成高度为 20 mm,直径为 61.8 mm 的试样。

(2)将试样放置在已装置好的膨胀仪中,然后注纯水入盆,使盆内水面保持约与试样底面高度齐平。

(3)记下开始注水时间,记录下 10 min,30 min,1 h,2 h,3.5 h,5 h,10 h 和 24 h 及以后的百分表读数,直至试样不再膨胀为止。然后按下式计算任一时间的无荷载膨胀量:

$$V_H = \frac{\Delta H}{20} \times 100 \tag{4.12}$$

$$\Delta H = R_t - R_0 \tag{4.13}$$

式中,V_H——时间 t 时的膨胀量,%;

　　ΔH——时间 t 时试样膨胀的增量,mm;

　　R_t——时间 t 时百分表读数,mm;

　　R_0——试验开始时百分表读数,mm。

2. 试验结果分析

根据以上试验步骤,所测得的试验数据见表 4.6,无荷膨胀量随时间的变化关系如图 4.11 所示。

由图 4.11 可知,原状膨胀土的膨胀变形经历了三个阶段:第一阶段为膨胀加速阶段,表现为图 4.11 中的最初的 1 h,此阶段膨胀土遇水后急剧膨胀变形,占总变形量的 40%～60%;第二阶段为膨胀衰减阶段,随着膨胀时间的推移,膨胀变形趋于平缓,持续时间在 1～4 h,占总变形量的 20%～40%;第三阶段为膨胀平稳阶段,膨胀土的膨胀潜势在此阶段全部发挥,但历时较长,膨胀变形不明显。

对于粉煤灰、碱渣改性土,从图 4.11 可见当掺粉煤灰、碱渣率在 10% 时,第一阶段还比较明显;当掺粉煤灰、碱渣率为 20% 和 30% 时,就没有第一阶段了,而且第二阶段和第三阶段的分界也不明显了。由表 4.6 可知,无荷膨胀量由改良前的 12% 降到改良后的 0.72%～0.91%。当掺粉煤灰、碱渣率为 10% 时,无荷膨胀量就降到 3.68%,发生了显著下降;当掺粉煤灰、碱渣率为 30% 时,无荷膨胀量降到 0.91%,近乎无膨胀性。从图 4.11 中还可看出,当掺粉煤灰、碱渣率为 30% 及以上时,无荷膨胀量随时间的变化曲线几乎重合,故可知当掺粉煤灰、碱渣率为 30% 时,碱渣改良膨胀土的功效基本上完全发挥,粉煤灰、碱渣掺量超过 30% 基本上没有任何改良作用。此时,粉煤灰、碱渣改性土的无荷膨胀量减少的原因一方面是碳酸钙的凝聚作用和粉煤灰、碱渣溶液中存在的高价阳离子(Ca^{2+},Mg^{2+})的离子交换作用促进黏土颗粒絮凝,降低土样的亲水性,从而降低膨胀土的膨胀势,减小土体吸水膨胀过程中产生的膨胀;另一方面是粉煤灰、碱渣中的 Al,Fe 等氧化物与膨胀土反应生成水化物,这些水化物土颗粒之间互相搭接,填充在土体孔隙之中,形成"空间网架结构",这也是粉煤灰、碱渣改性土膨胀性减小的一个重要原因。

表 4.6　改性土不同时间段内的无荷载膨胀量　　　单位:%

时间 掺渣率/(%)	10 min	30 min	1 h	2 h	3.5 h	5 h	10 h	24 h
0	0.8	3.3	4.8	6.0	8.0	9.1	10.8	12.0
10	0.5	1.5	2.58	2.91	3.49	3.60	3.63	3.68
20	0.38	0.63	1.21	1.47	1.64	1.70	1.72	1.75
30	0.13	0.35	0.62	0.70	0.85	0.88	0.90	0.91
40	0.10	0.31	0.60	0.71	0.80	0.83	0.85	0.86
50	0.07	0.20	0.41	0.52	0.66	0.70	0.71	0.72

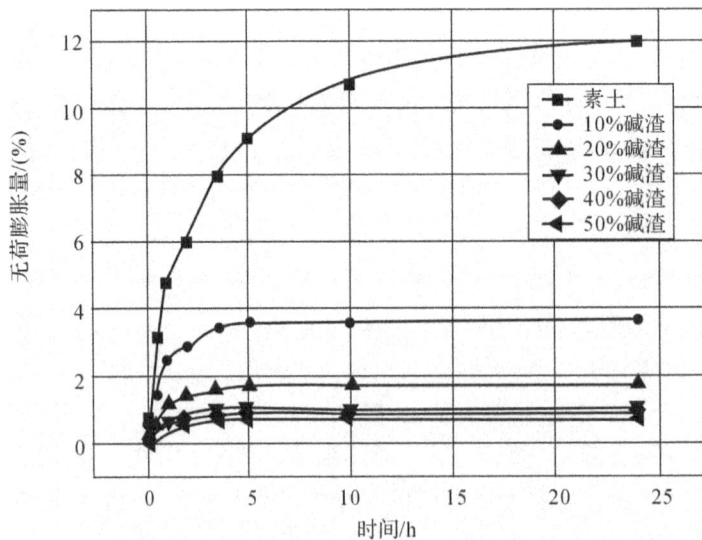

图 4.11　改性土的无荷载膨胀量随时间的变化关系

4.2.5　有荷载膨胀量试验

有荷膨胀量试验是为了模拟在一定的上覆压力的情况下膨胀土的膨胀量,适用于测定原状土或者击实黏质土在特定荷载下的膨胀量。本次试验采用固结仪,模拟地下水位缓慢上升导致膨胀土地基变形的情况。

1. 试验过程

试样采用的是重塑土样,制定土样的初始含水率设为 18.5%,20.3% 和 22.2%,模拟的上覆荷载值设定在分别一次加载 25 kPa,50 kPa,100 kPa 和 200 kPa。具体的试验步骤如下。

(1)用粉煤灰、碱渣和膨胀土按照一定的比例混合闷料后,制备成击实样,养护 7d 后,取出击实样,用环刀和修土刀将击实样修成高度为 20 mm,直径为 61.8 mm 的试样。

(2)将试样放置在已装置好的固结仪中,分级连续加荷 25 kPa,50 kPa,100 kPa 和 200 kPa,向容器中注入纯水,并始终保持水面超过土顶约 5 mm,并记录每级荷载下试样的稳定变形值。根据下式计算各级荷载下的膨胀量:

$$V_{HP} = \frac{R_t + R_p - R_0}{H_t} \times 100\% \qquad (4.14)$$

式中,V_{HP}——P(kPa)荷载下的膨胀量,%;

$\quad\quad H_t$——压缩稳定后试样高度,mm;

$\quad\quad R_t$——膨胀稳定后百分表读数,mm;

$\quad\quad R_p$——P 荷载下的仪器变形量,mm;

$\quad\quad R_0$——试样加荷前百分表读数,mm。

2. 膨胀土的膨胀特性和数学模型

根据有荷载膨胀量试验,可以得出膨胀土在不同压力和不同初始含水率下的有荷载膨胀量,具体的试验数据见表 4.7。本章根据表 4.12 中原状膨胀土的膨胀量、初始含水率和上覆荷载之间的相互关系,建立了三者之间的一个数学模型,用以研究膨胀土在有荷载情况下的变形规律。

由表 4.7 可知在同一含水率下,上覆压力越大,有荷膨胀量越小,反之亦然,因此可见压力对膨胀性起着抑制作用。由表 4.7 可得图 4.12,发现有荷膨胀量与上覆压力的对数具有良好的线性关系,回归方程为

$$y_1 = 0.038\ 1\ln x_1 + 0.231\ 2, \quad R^2 = 0.999\ 6 \qquad (4.15)$$

$$y_2 = 0.033\ 1\ln x_2 + 0.186\ 5, \quad R^2 = 0.997\ 5 \qquad (4.16)$$

$$y_3 = 0.031\ 6\ln x_3 + 0.163\ 2, \quad R^2 = 0.998\ 4 \qquad (4.17)$$

将以上公式可归结为下式:

$$\varepsilon_{sp} = a\ln p + b \qquad (4.18)$$

式中，ε_{sp}——有荷膨胀量，%；

    P——上覆压力，kPa；

    a，b——拟合参数。

表 4.7　不同含水率下原状膨胀土的有荷膨胀量　　　　单位：%

含水率 上覆荷载/kPa	$\omega=18.5\%$	$\omega=20.3\%$	$\omega=22.2\%$	$\omega=18.5\%$	$\omega=20.3\%$	$\omega=22.2\%$	$\omega=18.5\%$	$\omega=20.3\%$
0	14.3	12.0	9.8	14.3	12.0	9.8	14.3	12.0
25	10.8	7.9	6.2	10.8	7.9	6.2	10.8	7.9
50	8.3	6.0	3.8	8.3	6.0	3.8	8.3	6.0
100	5.5	3.3	1.8	5.5	3.3	1.8	5.5	3.3
200	2.9	1.1	—	2.9	1.1	—	2.9	1.1

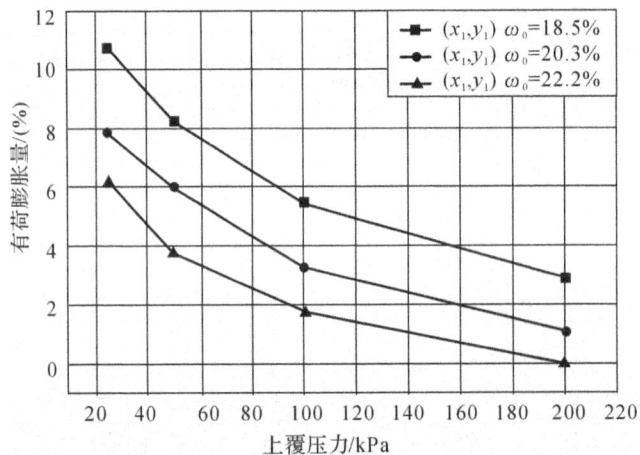

图 4.12　不同初始含水率下素土的有荷膨胀量与上覆压力的关系

将回归参数 a，b 和初始含水率进行统计列表可得表 4.8。由表 4.8 可以看出，参数 a，b 与初始含水率 ω_0 有关，并且随着初始含水率的增加而减小。将初始含水率和相应的回归参数 a，b 用线性关系进行拟合，如图 4.13 所示。

表 4.8　不同含水率下的回归参数 a，b

初始含水率/(%)	a	b
18.5	0.0 381	0.2 312
20.3	0.0 331	0.1 865
22.2	0.0 316	0.1 632

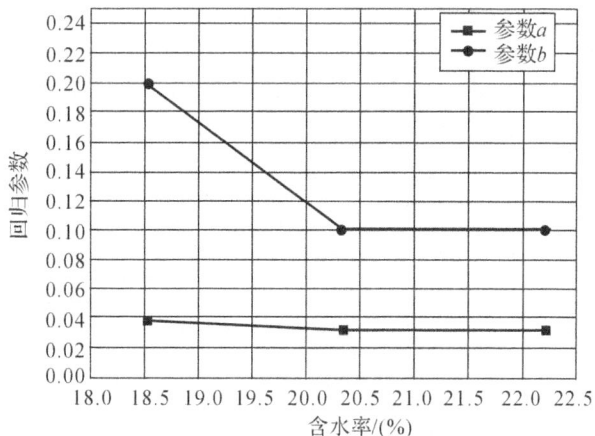

图 4.13　回归参数与初始含水率的关系

由图 4.13 可得参数 a、b 的拟合方程为

$$a = -0.174\,8\,\omega_0 + 0.069\,8, \quad R^2 = 0.950\,2 \tag{4.19}$$

$$b = -1.832\,2\,\omega_0 + 0.056\,6, \quad R^2 = 0.981\,0 \tag{4.20}$$

可将以上两式表示为

$$a = -m\omega_0 + n \tag{4.21}$$

$$b = -m'\omega_0 + n' \tag{4.22}$$

将式(4.21)、式(4.22)同时代入式(4.18),整理可得如下函数关系式:

$$\varepsilon_{sp} = m\omega_0 \ln p \cdot n \ln p \cdot m'\omega_0 + n' \tag{4.23}$$

式中, ε_{sp} ——有荷膨胀量,%;

p ——上覆压力,kPa;

ω_0 ——初始含水率,%。

由此建立了有荷膨胀量与初始含水率、上覆压力的数学关系。由式(4.13)可知,当上覆压力一定时,初始含水率越大,有荷膨胀量越小,因此膨胀土路基可用保湿法来处理。当初始含水率一定时,有荷膨胀量与上覆压力的负自然对数呈线性关系。随着上覆压力的增加,有荷膨胀量将逐渐减小,因此在实际工程应用中,要考虑在填筑的膨胀土顶层再填筑适当高度的黏性土或砂性土,这部分非膨胀性土的自重形成上覆荷载,作用在下覆的膨胀土上,从而有效地减小膨胀土的有荷膨胀。

4.2.6　胀缩总率

膨胀土的胀缩总率能反映膨胀土的黏土矿物成分与结构特征,其计算公式如下:

$$e_{sp} = e_p + c_{sl}(\omega - \omega_m) \tag{4.24}$$

式中，e_{sp}——胀缩总率，%；

$\quad e_p$——50 atm 压力下的膨胀率，%；

$\quad c_{sl}$——系数，%；

$\quad \omega$——天然含水率，%；

$\quad \omega_m$——最小含水率，%。

由于 c_{sl} 的数量级为 $10^{-1} \sim 10^{-2}$，并且 $(\omega - \omega_m)$ 一般在 10% 以内，所以 $c_{sl}(\omega - \omega_m)$ 对胀缩总率的贡献很微小，所以式(4.10)可近似表达为

$$e_{sp} = e_p \tag{4.25}$$

选取含水率为 20.3% 的一组试验，保证压实度在 95%，通过固结仪，分别一次加荷 25 kPa，50 kPa，100 kPa 和 200 kPa，所得到的试验结果如表 4.5 和图 4.7 所示。

由表 4.9 和图 4.14 可知，同一掺粉煤灰、碱渣率的改性土，随着上覆压力的增大，膨胀量逐渐减小；同一压力下，随着掺粉煤灰、碱渣率的增加，膨胀量也显著降低。素土在 50 kPa 下的膨胀量，也就是胀缩总率为 6.08%，不满足《公路路基设计规范》的规定：若采用弱膨胀土及中等膨胀土作为路基填料时应经改性处理后方可填筑，改性后的胀缩总率不得超过 0.7%。因此膨胀土进行改良处理。

表 4.9　粉煤灰、碱渣改性土的有荷膨胀量　　　　　　　　单位：%

掺渣率/(%)	25 kPa	50 kPa	100 kPa	200 kPa
0	7.96	6.08	3.37	1.15
10	2.52	1.95	1.12	0.43
20	1.24	0.83	0.36	0.18
30	0.51	0.13	0.02	0
40	0.48	0.09	0.01	0
50	0.46	0.07	0	0

当改性土掺粉煤灰、碱渣率为 10% 时，胀缩总率降到 1.95%，发生了显著的降低，说明粉煤灰、碱渣对膨胀土的膨胀性有明显的抑制作用。当掺粉煤灰、碱渣率为 30% 时，胀缩总率为 0.13%，达到了规范的要求，也就是说此时膨胀土颗粒已不具有膨胀性了。当掺粉煤灰、碱渣率为 40% 和 50% 时，胀缩总率为 0.09% 和 0.07%，几近为 0，和掺粉煤灰、碱渣率在 30% 时的胀缩总率也相差不大，因此在工程的实际应用中，掺粉煤灰、碱渣率为 30% 即可满足实际的需要。

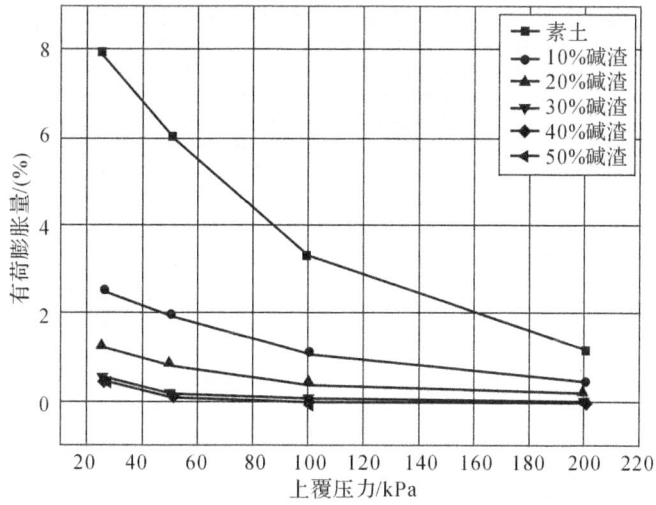

图 4.14　掺渣率与有荷膨胀量的关系

第5章　粉煤灰、碱渣改良膨胀土的力学特性分析

膨胀土的胀缩性、裂隙性和超固结性使得膨胀土的强度特性比普通黏土的强度特性更加复杂。比如膨胀土的抗剪强度具有典型的变动强度特性,峰值强度很高,残余强度极低,土体吸水软化。具有超固结性的膨胀土在成土过程中形成结构强度,天然土体的初期强度很高,一般现场很难开挖。然而,土体暴露于大气遭受雨水的淋滤,由于膨胀土中黏土矿物的亲水性,土体的抗剪强度和无侧限抗压强度都会大幅度减弱。由于膨胀土具有裂隙性,雨水更容易通过裂隙进入土体深部,使得土体强度进一步软化,也就是说膨胀土的水稳定性极其不好。土体的强度除了与土的矿物组成、土的结构和状态有关外,还与施工条件有关,本章根据施工时的含水率、压实度的控制等条件研究粉煤灰、碱渣改良膨胀土强度的实际效果。

5.1　击实试验

土工建筑物,如道路、土坝填方等是用土作为建筑材料填筑而成的,为了保证填土有足够的强度,较小的压缩性和透水性,在施工中常常需要压实填料,以提高土的密实度和均匀性。室内击实试验是一种模拟现场填筑的半经验性的试验,它是为了确定扰动土样在一定击实功的作用下干密度随着含水率的变化曲线,得出土的最大干密度和最优含水率,以便于用压实指标控制现场施工,对指导现场和控制现场施工质量有重要的实际意义。

5.1.1　试验过程

本次试验采用的是干土法,用轻型击实仪进行击实,根据《土工试验规程》SL237—1999中击实试验 SL237—011—1999 规程制样。试验过程如下:

(1)天然土拌匀,使得土体的性质一致,将土中坚硬的钙质结核去掉,然后将土样风干,碾碎;

(2)按照试验进行,按比例取一定质量的土样和粉煤灰、碱渣,充分搅拌,使两者充分地混合在一起;

(3)根据试验方案,将不同量的水加入渣土混合物中,搅拌均匀后闷料 24 h,以用于制备最优含水率及其他不同含水率下的试样;

(4)用干土法进行轻型击实试验(设备的主要参数见表5.1),对经过闷料的灰土混合物进

行击实,将试样分三层,每层击实 27 下,且保持每层试样高度大致相当,每两层的交界面用修土刀刮毛,以保证两层土之间的良好接触;

(5)试样击实完后,用修土刀沿套筒内壁削刮,使试样与套筒脱离后,扭动并去下套筒,齐筒顶细心削平试样,拆除底板,擦净筒外壁,用推土器推出桶内试样;

(6)根据式(5.1)可计算的粉煤灰、碱渣改性土的干密度,从试样中心处取样可测其含水率。以干密度为纵坐标,含水率为横坐标,可绘制干密度与含水率的关系曲线,曲线上的峰值点的纵、横坐标分别是最大干密度和最佳含水率。

$$\rho_d = \frac{\rho}{1 + 0.001\omega} \tag{5.1}$$

式中,ρ_d ——干密度,g/cm^3;

ρ ——天然密度,g/cm^3;

ω ——含水率,%。

表 5.1 轻型标准击实仪的主要参数

锤底直径/cm	锤质量/kg	落高/cm	试筒尺寸			层数	每层击数	击实功 kJ/cm^3	最大粒径/mm
			内径/cm	高/cm	容积/cm^3				
5	2.5	30	10	12.7	997	3	27	598.2	25

5.1.2 试验结果分析

根据以上试验步骤,所测得的试验结果如图 5.1、表 5.2 所示,最大干密度随掺粉煤灰、碱渣率的变化关系如图 5.2 所示,最优含水率随掺粉煤灰、碱渣率的变化关系如图 5.3 所示。

从图 5.1 和表 5.2 中可以看出,原状膨胀土的最大干密度为 1.69 g/cm^3,最优含水率为 20.35%,而且该膨胀土的击实曲线比较陡,峰值明显,也就是说土体的压实性对含水率的变化很敏感。如图 5.1 所示,若使压实度达到 95%,含水率必须控制在 18%～21%,这样才可以使改性土的干密度在峰值附近,也就是说只有含水率在最优含水率附近变化时才能获得较好的压实效果。

考虑到素土不能直接作为路基填料进行填垫,故需将膨胀土改良后用于实际工程中。从图 5.1 可以看出,粉煤灰、碱渣改性土的击实曲线都比较平缓,没有素土的击实曲线那么陡,峰值不明显,若使压实度达到 95%,含水率可控制在 15%～23%,也就是说粉煤灰、碱渣改性土的压实性对含水率的变化并不敏感,可以在相当大的一个含水率范围内碾压至所要求的压实度,减小了施工难度。

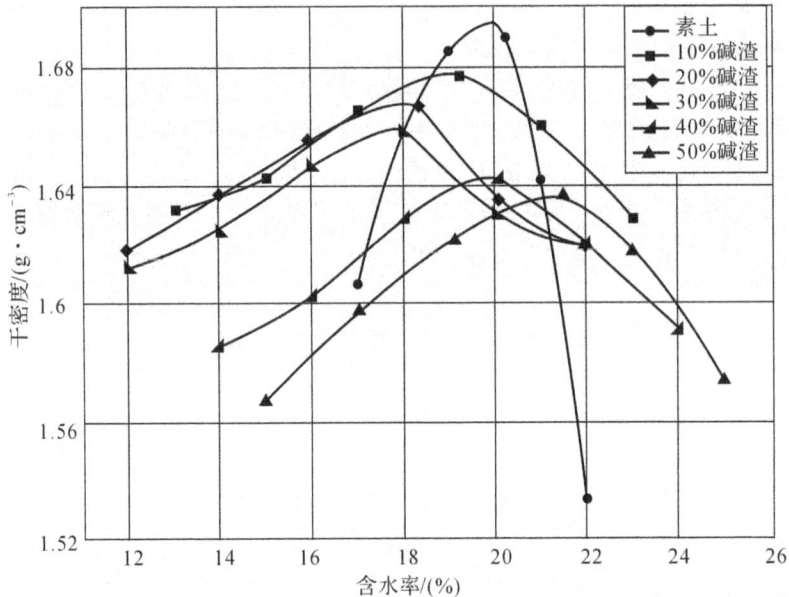

图 5.1　掺粉煤灰、碱渣率与击实曲线的关系

表 5.2　粉煤灰、碱渣改性土的击实指标

0	1.690	20.35
10	1.678	19.26
20	1.668	18.39
30	1.660	18.00
40	1.643	20.14
50	1.637	21.47

从图 5.2 和图 5.3 中可以看出,随着掺粉煤灰、碱渣率的增加,粉煤灰、碱渣改性土的最大干密度逐渐降低;最优含水率先降低后升高,当掺粉煤灰、碱渣率为 30% 时最优含水率最小。最大干密度的降低的原因,一方面是因为粉煤灰、碱渣质轻,粉煤灰、碱渣的密度比膨胀土的要小;另一方面是粉煤灰、碱渣中的 Ca^{2+} 与土中的 K^+,Mg^{2+} 等低价阳离子进行离子交换,促进土颗粒凝聚,同时击实过程中一部分击实功用于消耗水化硅酸钙和水化铝酸钙在土体空隙之间充填形成的新的空间结构。最优含水率变化是因为当掺粉煤灰、碱渣率小于 30% 时,土颗粒与粉煤灰、碱渣的离子交换作用,使得改性土在外界击实功的作用下更容易密实,导致改性

土的最优含水率减小；在掺粉煤灰、碱渣率超过 30％以后,因为粉煤灰、碱渣的本身的胶凝性不高,过多地掺入粉煤灰、碱渣反而使得改性土难以击实,导致最优含水率升高。

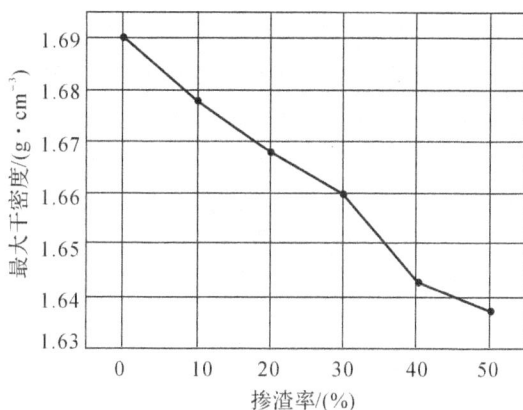

图 5.2　最大干密度随掺粉煤灰、碱渣率的变化规律

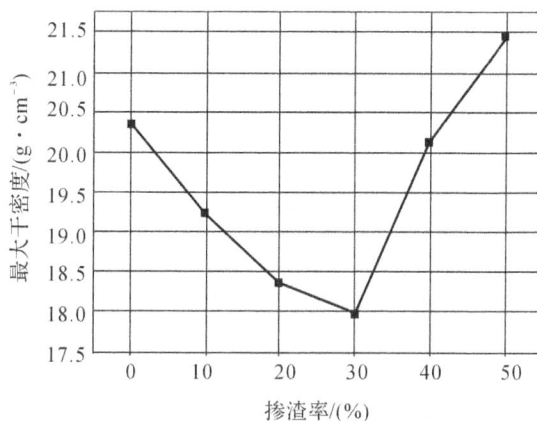

图 5.3　最优含水率随着掺粉煤灰、碱渣率的变化规律

5.2　无侧限抗压强度试验

　　无侧限抗压强度试验实际上是三轴压缩试验的一种特殊情况,即周围压力为零时的三轴试验,因此又称单轴试验。试验时,在不加任何侧向压力的情况下对圆柱体试样施加轴向压力,直至试样剪切破坏为止,以试样破坏的轴向压力表示为无侧限抗压强度。无侧限抗压强度是评价改良土性能的一个关键性的指标,它与土体类型、密度、含水率、养护龄期及受力条件等

很多因素有关,能比较准确地反映试件的强度特征,在实际工程中有着重要的意义。

5.2.1 试验过程

本次试验参照《公路土工试验规程》,采用应变控制式允许膨胀压缩仪,试验步骤如下。

(1)粉煤灰、碱渣和膨胀土按照一定的比例混合闷料后,制备成击实土样,养护 7 d 后,取出击实土样,用环刀和修土刀将击实土样修成高度为 100 mm,直径为 40 mm 的试样。

(2)将试样两端抹一薄层凡士林,将试样放在允许膨胀压缩仪下的加压板上,转动手轮,使其与上加压板刚好接触,调动测力计百分表读数为零点。

(3)以轴向应变 0.8 mm/min 转动手轮,使试样在 8~20 min 内压破;当输出设备上显示轴向压力已达到峰值或读数达到稳定时,再继续压缩使轴向应变增加 3%~5% 即可停止试验。试样的最大轴向应力即为无侧限抗压强度,可用下列公式计算:

$$\varepsilon = \frac{\Delta h}{h_0} \tag{5.2}$$

$$A_a = \frac{A_0}{1 - \varepsilon} \tag{5.3}$$

$$\sigma = \frac{10CR}{A_a} \tag{5.4}$$

式中,ε ——轴向应变,%;

h ——轴向变形,cm;

h_0 ——试件起始高度,cm;

A_0 ——试件起始面积,cm²;

A_a ——校正后试件断面积,cm²;

σ ——轴向压力,kPa;

C ——测力计校正系数,N/0.01mm;

R ——百分表读数,0.01mm。

5.2.2 无侧限抗压强度与掺渣率的关系

对试样进行养护 7 d 对粉煤灰、碱渣改性土在压实度分别为 90%,93% 和 95% 的情况下进行试验,试验所得的无侧限抗压强度值如表 5.3 所示,无侧限抗压强度与掺粉煤灰、碱渣率的关系图如图 5.4 所示。

表 5.3 不同压实度下粉煤灰、碱渣改性土的无侧限抗压强度　　　单位:kPa

掺渣率/(%)	90%压实度	93%压实度	95%压实度
0	96	365	628

续表

掺渣率/(%)	90%压实度	93%压实度	95%压实度
10	429	634	829
20	557	852	962
30	669	954	1 058
40	632	932	983
50	617	869	915

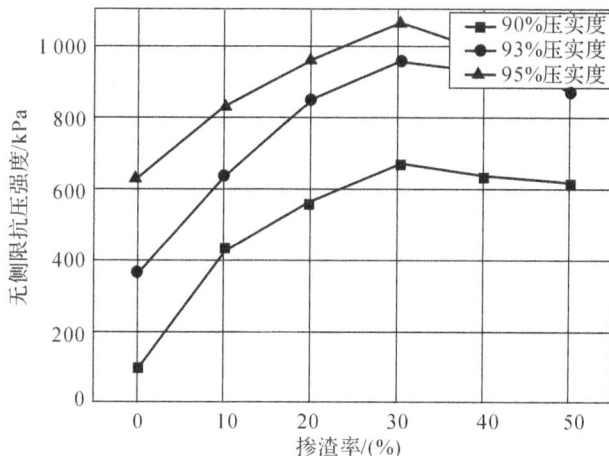

图 5.4　掺粉煤灰、碱渣率与无侧限抗压强度的关系

　　由表 5.3 和图 5.4 可知,素土在 95%的压实度下,无侧限抗压强度可达到 628 kPa,强度还是比较高的,但在 90%的压实度下强度仅有 96 kPa。说明素土在含水率变化不大的情况下,土样就很难压实,强度也就不高,需要进行改良。粉煤灰、碱渣改性土同样是在 95%的压实度下强度最高,但是在 90%的压实度下强度锐减的幅度不是很大,说明碱渣对膨胀土强度的改良起着显著的作用。

　　由图 5.4 还可知,同一掺粉煤灰、碱渣率,随着压实度的增加,无侧限抗压强度不断增加;同一压实度,随着掺粉煤灰、碱渣率的增加,无侧限抗压强度先增加后降低,在掺粉煤灰、碱渣率为 30%时有个峰值。这表明膨胀土路基的无侧限抗压强度要满足规范要求的 800 kPa,必须要有足够的压实度。无侧限抗压强度存在峰值点是因为,在达到最佳掺粉煤灰、碱渣率之前,粉煤灰、碱渣和膨胀土之间发生硬凝反应,增加了膨胀土的无侧限抗压强度;在掺粉煤灰、碱渣率超过 30%后,过多的粉煤灰、碱渣反而是相当于增加了本身无黏聚力的粉土材料,使得强度降低。因此说粉煤灰、碱渣改性土是在掺粉煤灰、碱渣率为30%时，无侧限抗压强度达到最大值，达到1 058 kPa，满足规范要求的800 kPa。

5.2.3　无侧限抗压强度与养护龄期的关系

选取压实度为95%，含水率为18%的一组试样，分别进行养护7 d，14 d和28 d后进行试验，试验数据如表5.4所示，无侧限抗压强度与养护龄期的关系图如图5.5所示。

表5.4　不同养护龄期下粉煤灰、碱渣改性土的无侧限抗压强度　　单位：kPa

掺渣率/(%)	7 d 养护	14 d 养护	28 d 养护
0	628	678	703
10	829	879	904
20	962	1 012	1 043
30	1 058	1 108	1 137
40	983	1 033	1 065
50	915	925	957

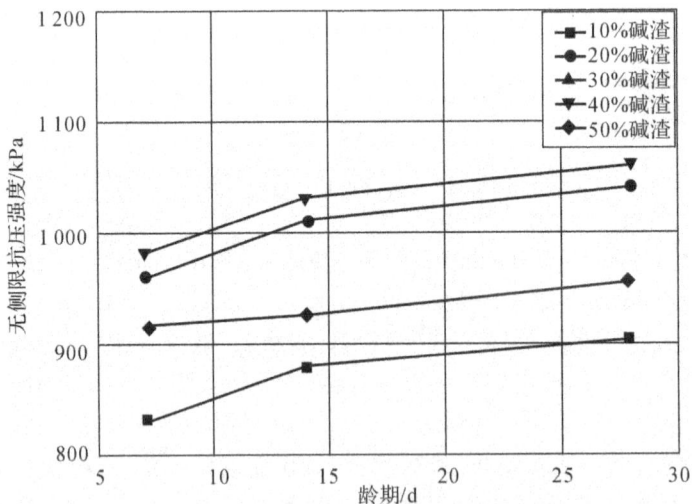

图5.5　无侧限抗压强度与龄期的关系

由表5.4和图5.5可知，同一养护龄期下，随着掺粉煤灰、碱渣率的增加，无侧限抗压强度先增加后降低；同一掺粉煤灰、碱渣率下，随着龄期的增加，无侧限抗压强度逐渐增加，但增加的幅度不大,仅增加 3%～5%。这表明了随着养护龄期的增加,粉煤灰、碱渣对改性土的后期强度贡献不大,仅仅是粉煤灰、碱渣颗粒内的文石向方解石的转变逐渐趋于稳定,强度稍有增加。

5.2.4　无侧限抗压强度与含水率的关系

选取压实度为 95%,养护龄期为 7 d 的一组试样,控制含水率分别为 16%,18% 和 20% 进行试验,所得的试验结果如表 5.5 和图 5.6 所示。

表 5.5　不同含水率下粉煤灰、碱渣改性土的无侧限抗压强度　　　单位:kPa

掺渣率/(%)	含水率 16%	含水率 18%	含水率 20%
10	908	829	797
20	1 054	962	916
30	1 160	1 058	1 015
40	1 077	983	936
50	998	915	875

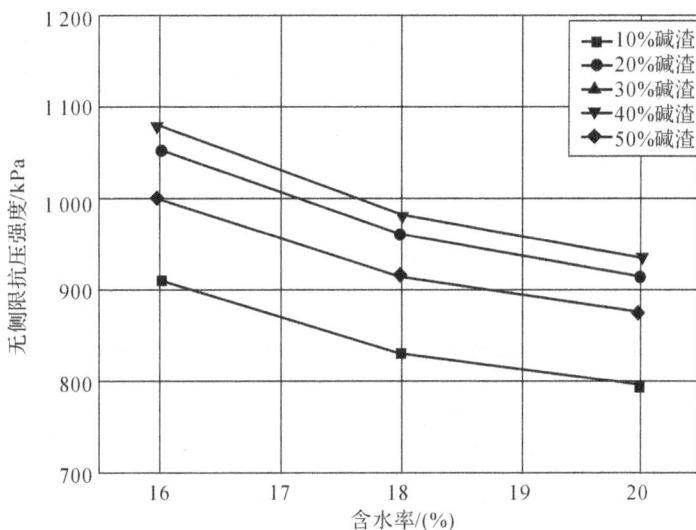

图 5.6　无侧限抗压强度与含水率的关系

由表 5.5 和图 5.6 可知,同一含水率下,随着掺粉煤灰、碱渣率的增加,无侧限抗压强度先增加后降低;同一掺粉煤灰、碱渣率下,随着含水率的增加,无侧限抗压强度逐渐减少,当含水率为 16% 时取得最大值。这说明了无侧限抗压强度并不一定是在最优含水率 ω_{op} 时取得最大值，粉煤灰、碱渣改性土是在 $\omega_{op}\pm2\%$ 时取得最大值的。这是因为虽然在最优含水率下，粉煤灰、碱渣改性土可以取得最好的压实效果，但是在试样含水率稍小于最优含水率时，土样难以压实，变形小，可以承受更大的压力。

同时，在试验的过程中发现含水率不同时，粉煤灰、碱渣改性土的破坏形式也有所不同。当含水率较小时，试样较脆，破坏的时候没有征兆；当含水率较大时，粉煤灰、碱渣改性土的试样首先出现裂缝，然后裂缝扩大并破坏。因此现场填筑时，在保证压实度的情况下，适当地增加含水率是有利于路基的长期稳定性的。

5.3 直剪试验

土的抗剪强度指的是土体抵抗剪切破坏的极限能力，不仅与土的性质有关，还与试验时的排水条件、剪切速率、应力状态等因素有关。土的抗剪强度是工程设计中极其重要的依据指标，主要用于地基、土坡的稳定性分析与挡土墙及地下结构上的土压力。

5.3.1 试验过程

本次试验参照《公路土工试验规程》和《土工试验方法标准》，采用应变控制式直剪仪，试验步骤如下。

(1)用粉煤灰、碱渣和膨胀土按照一定的比例混合闷料后，制备成击实样，养护 7 d 后，取出击实样，用环刀和修土刀将击实样修成高度为 20 mm，直径为 61.8 mm 的试样。

(2)对准剪切容器上、下盒，插入固定销，在下盒内放透水石和滤纸，放入试样，在试样上放上透水石和滤纸。移动传动装置，使上盒前端刚好与测力计接触，依次加上传压板、加压框架，测记初始读数。

(3)施加垂直压力，拔去固定销并立即开动秒表，以 0.8 mm/min 的剪切速度进行，手轮每转一圈记一下百分表读数，直至百分表不变或后退时，继续剪切至剪切位移为 4 mm 时停止，记下破坏值。最后按下列公式计算剪应力。

$$\tau = CR \tag{5.5}$$

式中，τ ——剪应力，kPa；

C ——测力计校正系数，kPa/0.01mm；

R ——百分表读数。

5.3.2 试验结果分析

根据以上试验步骤，所测得的素土和粉煤灰、碱渣改良土的抗剪强度指标分别如表 5.6 和表 5.7 所示。

表 5.6　素土的抗剪强度指标

含水率/(%)	折算系数			c/kPa	φ/(°)
	100 kPa	200 kPa	400 kPa		
18.3	106	145	212	72.5	19.33
20.3	140	196	302	87	28.31
22.2	59	77	108	43.5	9.21

由表 5.6 可知,素土在最优含水率 ω_{op} 时抗剪强度指标最大,黏聚力为 87 kPa,内摩擦角为 28.31°。当含水率 $\omega_{op} \pm 2\%$ 时,素土无论是内摩擦角还是黏聚力都发生了显著的降低,抗剪强度也就不高,可见素土的水稳定性很不好,增加了施工难度。

对膨胀土进行粉煤灰、碱渣改良后,选取一组含水率为 18% 的试样,进行直接剪切试验,试验结果如图 5.7 所示,根据图 5.7 可以得到粉煤灰、碱渣改性土的抗剪强度指标,如表 5.7 所示。掺粉煤灰、碱渣率与抗剪强度指标的关系图如图 5.8 所示。

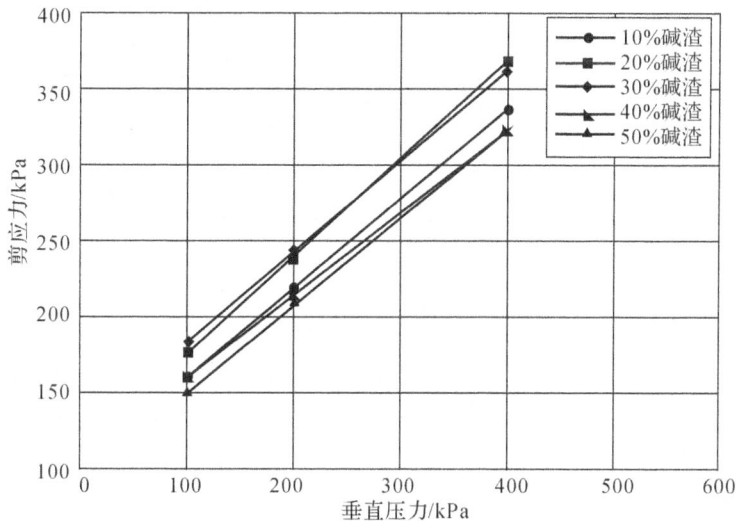

图 5.7　粉煤灰、碱渣改性土与垂直压力的关系

表 5.7　粉煤灰、碱渣改性土的抗剪强度指标

掺渣率/(%)	0	10	20	30	40	50
c/kPa	72	105	116	123	109	93
φ/(°)	19	30	32	31	28	30

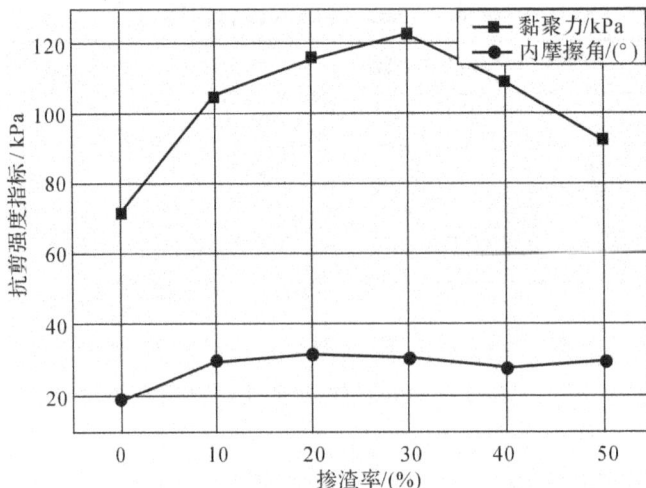

图 5.8　掺粉煤灰、碱渣率与抗剪强度指标的关系

　　从图 5.8 中可以看出粉煤灰、碱渣改性土的黏聚力随着掺粉煤灰、碱渣率的增加先增加后减少。当掺粉煤灰、碱渣率为 30％时有个峰值；内摩擦角由素土的 19°增加到改良后的 30°以后，变化范围就保持在 30°左右。黏聚力由素土时的 72 kPa 增加到掺粉煤灰、碱渣率为 30％粉煤灰、碱渣改性土的 123 kPa，增加了 70％，得到了显著提高。这是粉煤灰、碱渣和膨胀土发生化学反应产生新的络合物增加了密实度的结果。而内摩擦角在掺粉煤灰、碱渣率超过 10％以后一直在 30°左右，变化不大，是因为素土颗粒之间的摩擦以及镶嵌作用产生的摩阻力和粉煤灰、碱渣改性土颗粒之间产生的摩阻力大致相等。

第6章 公路路基粉煤灰、碱渣处治膨胀土拌和及路基压实工艺

6.1 公路路基粉煤灰、碱渣处治膨胀土拌和工艺

采用粉煤灰、碱渣处治膨胀土作为路基填料，要达到理想的施工质量，使建成的路基具有足够的强度和稳定性，施工过程非常重要，保证拌和均匀性是关键。

本节首先选择粉煤灰、碱渣处治膨胀土拌和方法，通过现场试验，提出公路路基粉煤灰、碱渣处治膨胀土拌和工艺关键技术。

6.1.1 粉煤灰、碱渣处治膨胀土拌和方法

1. 粉煤灰、碱渣处治膨胀土拌和方法分类

目前粉煤灰、碱渣处治膨胀土拌和作业工艺，主要有集中路拌法、集中预拌路拌法、路拌法、二次掺料集中预拌路拌法、厂拌法等多种工艺。

(1)集中路拌法。将取土场挖出的膨胀土土料铺在指定的路拌作业场地，按确定的比例掺入粉煤灰、碱渣并采用路拌机械进行拌和作业后，再集中堆放并待运。

(2)集中预拌路拌法。在取土场的取土面按施工掺料比均匀布料，先用挖掘机集中预拌，然后将混合料运输并摊铺到路基填筑面，最后再用路拌机拌和。它与集中路拌法拌和工艺的主要区别在于拌和作业分两处进行，先在取土场预拌，再到路基作业面集中路拌。

(3)路拌法。将取土场挖出的膨胀土直接运卸并摊铺在施工现场的路基填筑面上，在含水率合适的条件下，按施工掺料比均匀布料，再用路拌机就地拌和。它与前两种工艺的区别在于拌和作业直接在路基施工作业面上完成，不需要集中路拌后再将土运到别处路基填筑施工作业面，也没有取土场预拌的作业程序。

路拌法拌和工艺的布料、拌和作业是沿着路基长度方向呈连续分布的，几乎对路基施工的全线产生环境影响，而集中路拌法拌和工艺的布料、拌和作业分散在选定的几处作业点上。

(4)二次掺料集中预拌路拌法。在集中预拌路拌法的基础上，将掺料总量一分为二，先后在集中预拌、路拌两个作业阶段各进行一次布灰搅拌作业，形成全过程的二次掺料拌和工艺。

二次掺料集中预拌路拌法虽与集中预拌路拌法拌和工艺相同，但由于分别在预拌作业阶

段和路拌作业阶段各有一次掺料,而且路拌作业遍数比集中预拌路拌法拌和工艺多一遍,含水率较易控制,通常不再需要在路基作业面上补充翻挖晾晒工序。

(5)厂拌法。将待拌和的膨胀土先进行破碎,紧接着通过作业流水线进入稳定土搅拌站,按最佳掺料比自动掺入粉煤灰、碱渣并与膨胀土充分拌和的拌和工艺。

2.粉煤灰、碱渣处治膨胀土拌和方法选择

对于集中路拌法,由于受工艺本身作业方式的影响和作业条件的限制,尽管可以采取一定的环保措施,但当天气干燥、风力较大时,集中路拌作业场附近的灰土污染很大,因此,集中路拌法拌和工艺适用于对环保要求较低的场地。

对于集中预拌路拌法,因预拌与路拌作业分别在取土场和路基作业面进行,可直接利用取土场的天然膨胀土拌和,适合于工效要求高又缺少大面积专用场地的施工条件。由于受作业方式的影响和作业条件的限制,尽管可以采取一定的环保措施,但在天气干燥、风力较大而又要在路基作业面上补充粉煤灰、碱渣时,产生污染仍然较大,但污染范围呈点状,适用于对环保要求不太高的地点。

对于路拌法,当天气干燥、风力较大时,其对公路沿线附近一带的素土污染影响很大,仅适用于沿线周边对环保要求较低的地区。在采用此工艺之前,施工单位应慎重考虑并征求沿线环保部门的意见,争取在当地环保部门的支持下,采取必要的防范措施,选择合适的时段或区域实施本工艺。

二次掺料集中预拌路拌法其施工工序比较烦琐,综合作业效率相对较低。另外,二次掺料过程会增加对环境的污染次数,尤其是第二次在路基施工作业面上布灰,其作业的方式与路拌法拌和工艺一样,也是沿着路基长度方向连续分布的,遇到天气干燥、风力较大的情况时,也会对路基施工的全线产生环境影响。同样,二次掺料集中预拌路拌法适用于沿线周边环境对环保要求较低的地区,也同样需要在使用该工艺前慎重考虑并征求沿线环保部门的意见,选择合适的时段或区域实施本工艺。

对于厂拌法,由于该工艺工厂化程度较高,所以拌和质量好,生产过程对环境污染也小。但是,因受单位时间内成品产量的限制,成品单价要比其他工艺高。

由于公路膨胀土路段路基施工工期要求紧、周围农舍及农田密集,在保证质量、工效、节约成本、减少污染的前提下,综合考虑,选择采用集中预拌路拌法作为公路路基粉煤灰、碱渣处治膨胀土拌和作业方法。

6.1.2 粉煤灰、碱渣处治膨胀土的集中预拌路拌法

1.工艺流程

为了保证粉煤灰、碱渣处治膨胀土的拌和质量,借鉴以往工程经验,参照有关施工技术规

范,按照施工技术管理要求,结合公路膨胀土路段路基施工具体情况,研究编制了集中预拌路拌法粉煤灰、碱渣处治膨胀土拌和工艺的基本流程,如图 6.1 所示。

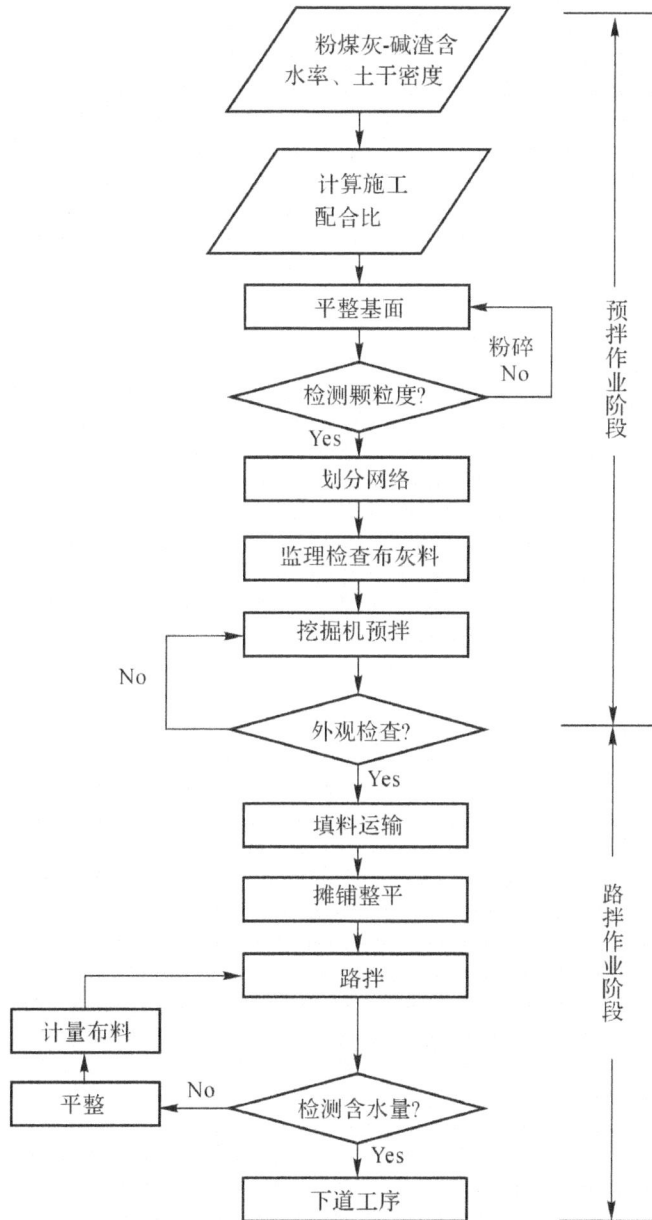

图 6.1　集中预拌路拌法粉煤灰、碱渣处治膨胀土拌和工艺的基本流程

2．基本要求

集中预拌路拌法粉煤灰、碱渣处治膨胀土拌和工艺可划分为两大作业阶段：一是取土场预拌作业阶段，二是路基作业面上的处治土路拌作业阶段。

1．取土场预拌作业阶段

取土场预拌作业阶段由平整取上场的预拌作业基面、膨胀土和粉煤灰、碱渣含水率检测以及土干密度检测、计算施工掺料比、划分布料网格、计量布料、布料报验检查、挖掘机预拌与拌和土的外观检查等8道作业工序组成。

由于取土场粉煤灰、碱渣处治膨胀土的预拌质量很大程度上决定着路基施工现场粉煤灰、碱渣处治膨胀土路拌作业的质量与效率，因此，提出集中预拌的各道工序的主要技术要求如下：

（1）作业基面必须平整、干净。

（2）原状膨胀土和粉煤灰、碱渣的含水率必须符合最佳含水率控制要求。

（3）必须准确测试膨胀土的干密度，并据此准确计算施工用的粉煤灰、碱渣掺入量。

（4）用粉煤灰、碱渣在作业面上划分的布料网格的边长应一致，面积基本相同，为均匀布料打下较好的基础。

（5）计量布料环节应控制掺入粉煤灰、碱渣的总量，控制每个布料网格内的粉煤灰、碱渣厚度及其均匀性，并由监理工程师进行检查核实。

（6）在计量布料合格的基础上，实施粉煤灰、碱渣处治膨胀土的预拌作业，作业完毕后，必须对预拌改良土进行外观检查。

2．路拌作业阶段

路拌作业阶段的关键工作包括预拌处治土运输、预拌处治土在路基作业面上的摊铺整平与含水率检测、路拌作业、拌和处治土的含水率与颗粒度检测等道作业工序。因为路拌作业阶段是集中预拌路拌法粉煤灰、碱渣处治膨胀土拌和工艺形成最终成果的阶段，为了保证拌和质量，提出各作业工序的主要要求如下：

（1）运输应及时，运输过程中应对预拌处治土进行覆盖，防风、防雨，以免路途中土料散落，污染环境，或雨水渗入，使预拌处治土含水率过大。应在路基作业面沿着线路纵向顺序定位定量卸料。

（2）摊铺整平后，必须现场检测预拌处治土的含水率，必要时，通过翻挖晾晒或洒水调整其含水率。

（3）路拌作业必须严格按照工艺要求、拌和遍数操作。

（4）拌和后处治土的实际含灰率、颗粒度经现场检测合格后，才能进入下道工序。

6.1.3　粉煤灰、碱渣处治膨胀土集中预拌路拌法的关键技术

集中预拌路拌法粉煤灰、碱渣处治膨胀土拌和工艺的技术指标主要有粉煤灰、碱渣品质、工作基面与布灰、土颗粒粒径等，相应的拌和作业参数，即为预拌及遍数、预拌混合料的摊铺、路拌及遍数等。

1.粉煤灰、碱渣品质

为了保证粉煤灰、碱渣处治膨胀土的拌和均匀性，粉煤灰、碱渣品质应不低于 3 级改良剂技术标准。粉煤灰、碱渣须先磨细成石灰粉，其颗粒粒径不大于 1 mm。

粉煤灰、碱渣运卸时采取防扬灰、防泥土混杂的措施，以保证粉煤灰、碱渣使用前的纯净度。

2.工作基面与布料

预拌作业直接在取土场的取土面上进行。为了给预拌作业提供良好的条件，在取土场用挖掘机或装载机将杂物与腐殖土等彻底清理干净，平整出足以进行正常取土与拌和作业的工作基面。

根据取土场膨胀土的膨胀等级，采用试验确定的掺料比进行布灰。布灰料前，精确划分布灰网格，按计量厚度均匀布料。

3.土颗粒粒径

在取土场用挖掘机将布料处的土和粉煤灰、碱渣挖出，卸堆到预拌场地，将较大土块粉碎至 15 mm 以内，宜将 16 mm 粒径的土块控制在 15％以内。否则大土块多达不到改性的目的，吸水后强度下降造成质量问题。

4.预拌及遍数

预拌土料的含水率比击实试验最佳含水率高出 5％。

预拌作业就是用台斗容量为 1.2 m³、功率为 125 kW 的挖掘机对土料进行翻倒。翻倒过程中，宜将混合料堆成大堆，如图 6.2 所示。适当控制从土堆顶卸料的高度，减少灰土飞扬。

图 6.2　预拌过程施工图

经过不同预拌遍数后,采用滴定法,随机采集组预拌土样品,检测含料率分布情况。试验结果表明:采用预拌作业 3 遍,拌和均匀性即可满足质量要求。

5. 预拌混合料的存放

预拌混合料需在取土场存放一定时间闷料,使土料与粉煤灰、碱渣进行充分的物理化学反应,改变土的颗粒结构,保证其膨胀率接近于零。闷料时间控制在 2～3 d 后方可上路使用。混合料大堆存放时注意防止雨水的渗入,可将存土堆顶堆放成自然尖状,以利于雨水自然排除,表面亦可用机械拍实压紧,如遇雨天必须进行必要的覆盖。

6. 预拌混合料的运卸与摊铺

闷料好的预拌混合料从取土场存放点运卸到路基作业面,一般由 8 台左右(视运距及工程需要而定)载重 15 t 的自卸汽车来完成。卸料时,应沿路基纵向顺序自卸,边均匀卸料边行驶,尽量减少土料的飞扬与聚堆。

采用 1 台铲刀宽度为 3 672 mm、高度为 1 000 mm 的推土机实施摊铺,摊铺沿路基作业面纵向顺序推进,摊铺厚度为 20～25 cm。

7. 路拌及遍数

实测含料率不足时,应在先补料灰后进行路拌。

路拌作业采用 1 台全液压稳定土拌和机,该机械拌和宽度为 2 300 mm,拌和作业直径为 1 250 mm,拌和深度为 400 mm,作业速度≤3.3 km/h。为防止作业引起的拌和面坑洼不平而影响拌和效果,作业机械以 1.5～20 km/h 的速度纵向匀速行驶。

路拌作业的深度必须严格控制,不得留有"素土"层。

试验路段施工试验结果表明:路拌作业第 2 遍即可满足拌和质量要求。

6.1.4 小结

(1)本节对常用的膨胀土路基拌和工艺进行了简述,通过分析各拌和工艺的特点与适用性,对膨胀土拌和工艺方案进行了比选,最后在公路粉煤灰、碱渣处治膨胀土拌和工艺中采用集中预拌路拌膨胀土改良拌和工艺。

(2)总结出集中预拌路拌膨胀土改良拌和工艺的工艺流程为预拌作业阶段与路拌作业阶段,并提出每个阶段的主要技术要求。

(3)结合公路石灰处治膨胀土路基工程,对粉煤灰、碱渣品质、工作基面与布料、土颗粒粒径等提出具体技术要求,确定拌和方案为,预拌作业 3 遍、路拌作业 2 遍。

6.2　公路膨胀土路基压实工艺

　　粉煤灰、碱渣土混合料通过集中预拌路拌法充分拌和后,成为合格的路基填料,进入下一道关键工序压实。要使路基具有足够的强度和稳定性,压实工艺很关键。

　　本节首先选择粉煤灰、碱渣处治膨胀土路基的压实方法,通过现场试验,提出公路路基粉煤灰、碱渣处治膨胀土路基压实工艺关键技术。

6.2.1　粉煤灰、碱渣处治膨胀土路基压实方法

1. 粉煤灰、碱渣处治膨胀土路基压实方法分类

　　目前公路路基的压实方法主要有冲击压实、强夯压实、静压实和振动压实等。

　　(1)冲击压实。冲击压实技术是 20 世纪七八十年代在南非发展成熟并应用于工程建筑中的一种新型压实技术,1996 年引入我国。冲击压实是利用工作装置的势能与动能相互间的瞬时转化而工作的,一般多用于地基冲击碾压、土石混填、填石路基分层冲压、路基补压等,在土方路基的分层压实中应用较少。

　　(2)强夯压实。强夯压实技术是从原始夯实法和重锤夯实法演变而来的,其动力夯实机理主要体现在对土体的夯实挤密作用。在公路工程中,强夯法主要被用于处理各种不良地基。

　　(3)静压实。静压实指静力滚压机械的滚轮沿被压材料表面往复滚动,靠自重产生的静压力作用使被压层产生永久性变形,达到压实的目的。

　　常见的静力滚压机械有静力光轮压路机、静力羊足(或凸块)式滚轮压路机及轮胎式压路机等。

　　1)静力光轮压路机。光轮压路机按其整机质量可分为特轻型、轻型、中型、重型、特色型五类。静力光轮压路机进行压实作业时,滚轮与土的接触面积大,单位线压力小,压实深度浅,而且压实是从土层表面向下的,上层的密实度大于下层密实度。一般适宜于压实较薄填土或路堤表面,可使土层表面密实、平整(特别适宜于砂砾、砂砾石、泥沙等压实)。光轮压路机一般可通过增加或减少配重(在滚轮内灌砂或注入水),调整其单位线压力。施工实践证明,用光轮压路机压实土基时,宜采用:"薄填、慢驶、多次碾压"的方法,即填土厚度控制在 25～30 cm,碾压时一定要遵循先慢后快,先轻碾后重碾的压实工艺。

　　2)羊足碾。羊足碾(国外常用的是凸块碾)按单位压力可分为轻型、中型、重型三类。羊足碾在松土上滚过时,各羊足深陷土中,经过多次反复滚压,就将所压面积上的松土全部压实。羊足碾的特点是,碾压时跟土壤的接触面积小,单位面积压力大,压实效果、压实深度都较同质量光轮碾好,并可挤碎土块,广泛用于黏性土料的分层碾压,但对于砂性土,由于碾压时土粒产生向上和侧向移动,而得不到压实,故不宜用于压实砂性土料。

3)轮胎式压路机。轮胎式压路机是利用充气轮胎对铺装材料进行压实的,有拖式与自行式之分。由于自行式使用方便,机动灵活性高,所以目前大都采用自行式。自行式轮胎压路机的轮胎数目为,前轮3～5只,后轮4～6只,前后轮相错排列,用以清除碾压空隙,根据压实需要,轮胎还可同时升降或单只升降。

由于轮胎压路机的轮胎具有弹性,在碾压时土与轮胎同时变形,其接触压力主要取决于轮胎压力,可通过附加载荷的增减调节机重和与被压实表面的接触面积。在压实土料过程中,开始时,土料很松,轮胎变形小,土层压缩变形大,之后随着土壤逐渐压实,轮胎变形也增大,轮胎与被压表面的接触面积变大,压力分布均匀,且土壤承压时间较长,有利于压实。轮胎压路机的另一个特点是可以改变轮胎的内压力,可根据土壤不同而把作用于其上的最大应力控制在土料极限抗压强度内。因此,可用于压实各种黏性及非黏性土壤,对砂石和土壤混合料的压实效果明显。

4)振动压实。振动压实是振动压路机利用机械高频率(1 000～3 000 次/min)振动使材料微粒产生共振,此时材料微粒间由于动荷载的作用,其摩擦阻力减小,又因为材料微粒的质量不同,它们运动的速度也各异,从而破坏了材料微粒间的原始结构,产生相对位移,互相楔紧,使密实度大大增加。

振动压路机有光轮、羊足、钢轮三种。光轮振动压路机适合压实非黏性土(砂石、砂砾石)、碎石、块石等,其效果大大优于其他压实机械,但对黏性土和黏性较强的土压实效果不理想。羊足振动压路机是一种新型的碾压机械;它既可以压实非黏性土,又可压实含水率不大的黏性土和细粒砂砾以及碎石与土的混合料。

2. 粉煤灰、碱渣处治膨胀土压实方法选择

冲击压实法与强夯压实法多用于小面积地方的地基处理,因其工作效率不及其他方法,所以在大面积的公路路基压实中很少使用。

静压实法与振动压实法都适合在大面积的公路路基压实中使用。由于粉煤灰、碱渣处治膨胀土路基的填料是灰土混合料,为了保证粉煤灰、碱渣处治土的压实效果,借鉴以往工程经验,参照有关施工技术规范,采用静压实与振动压实相结合的方法。

压实机械选用:英格索兰 SD175 光轮振动压路机,自重为 18 t,振动频率为 21.7～30.4 Hz,激振力为 36/18 t,名义振幅为 1.86/0.93 mm,行驶速度为 0～13.2 km/h,用于填料静压;中联重科 YZD20 凸轮振动压路机,自重为 20 t,振动频率为 28 Hz,激振力为 34/18 t,名义振幅为 1.9/1.0 mm,行驶速度为 0～7.2 km/h,用于振动碾压与重压。

先用 SD175 钢轮振动压路机静压,再用 YZD20 凸轮振动压路机振动碾压,最后用 SD175 钢轮振动压路机静压收光。

进行现场压实工艺试验,以确定工艺参数。主要确定以下两项内容:

(1)最佳含水率控制范围;

(2)填料压实系数与满足压实要求的碾压遍数。

6.2.2 粉煤灰、碱渣处治膨胀土路基压实工艺流程

1.压实工艺流程

为了保证粉煤灰、碱渣处治膨胀土的压实效果,参照有关施工技术规范,按照施工技术管理要求,结合公路膨胀土路段路基施工具体情况,研究编制了粉煤灰、碱渣处治膨胀土压实工艺的基本流程,如图 6.3 所示。

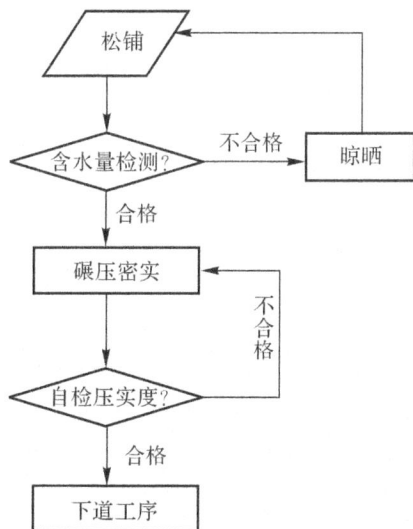

图 6.3 粉煤灰、碱渣处治膨胀土路基压实工艺流程图

2.基本要求

粉煤灰、碱渣处治膨胀土路基压实过程中各道工序的基本要求如下:

(1)填料松铺厚度应严格控制在试验确定的合理厚度内。

(2)填料含水率必须严格控制在试验所得最佳含水率控制范围内。

(3)粉煤灰、碱渣处治膨胀土路基碾压时遵循"由边到中、先轻后重、由慢到快"的原则,前后两次轮迹重叠 15~20 cm。

6.2.3 粉煤灰、碱渣处治膨胀土路基压实工艺的关键技术

1.填料含水率控制范围

填料含水率过大,碾压时容易起"弹簧"现象,不能达到规定的压实度;填料含水率过小,碾压表层又容易疏松起皮,也难以达到要求的压实度。为了使路基满足相应的压实度要求,必须

将填料的含水率控制在一定范围内。

《公路施工技术规范》规定路基施工碾压时,填料含水率应控制在最佳含水率±2%以内。粉煤灰、碱渣处治膨胀土不同于一般路基填料,并且经过了预拌及路拌,在施工过程中,水分既会蒸发,又会参与化学反应而消耗,因此,此填料含水率控制范围不适用于本路段,需要试验确定。

以最佳含水率为基准,采用增加1%,2%,3%,4%,5%,6%六种含水率,分段进行碾压试验,取样测定填料压实度。试验结果表明,填料含水率较最佳含水率高3%~7%,可满足压实度要求,故确定公路石灰处治膨胀土路基压实含水率控制范围为高于最佳含水率3%~7%。

含水率过大时,应反复翻晒至控制范围内才能碾压。含水率过小时,应适当洒水再碾压,如图6.4所示。加水量按式(6.1)计算

$$m_1 = (\omega_0 - \omega) \frac{m_2}{1 + \omega} \tag{6.1}$$

式中,m_1——所需加水量(kg);

m_2——所需加水的土的量(kg);

ω——填料原有含水率;

ω_0——填料的最佳含水率。

图6.4 粉煤灰、碱渣处治膨胀土路基洒水压实

2. 填料层压实系数与碾压遍数

在路基压实前,准确选择粉煤灰、碱渣处治膨胀土混合料的松铺厚度,对路基压实的施工质量与作业效率、成本具有重要意义。

根据《公路路基施工技术规范》(JTG F10.2006)中规定,膨胀土路基填筑松铺厚度不得大于30 cm,也不应小于10 cm。

为了得到填料层压实系数,在公路膨胀土路基施工现场选择30 m长的试验段。将路基

填料分别按三种松铺厚度摊铺在路基填筑面上,采用常见碾压方式静压 2 遍,振动碾压 1 遍,重压 3～4 遍碾压。在试验过程中跟踪检测压实度,结果见表 6.1。

表 6.1　压实系数及压实度

松铺厚度/cm	静压 2 遍,振动碾压 1 遍,重压 3 遍后厚度/cm	压实系数	压实度	静压 2 遍,弱振动碾压 1 遍,重压 4 遍后厚度/cm	压实系数	压实度
15.98	13.48	1.185	93.2%	13.26	1.205	94.6%
25.10	21.34	1.176	94.8%	20.87	1.203	96.5%
29.13	26.24	1.202	92.8%	25.09	1.219	94.4%

通过表 6.1 中可以看出,两种碾压方式,层厚为 15.98 cm 的一组压实度已超过 93 区标准,但表层脱落,影响路基质量,不宜采用;层厚为 25.10 cm 的一组在静压 2 遍,弱振动碾压 1 遍,重压 3 遍后,压实系数为 1.176,压实度已超过 94 区标准,且表面平整光洁,再重压 1 遍后,压实系数为 1.203,压实度已超过 96 区标准,且表面平整光洁,宜采用;层厚为 29.13 cm 的一组,在静压 2 遍,弱振动碾压 1 遍,重压 4 遍后,压实系数为 1.219,压实度已超过 94 区标准,宜采用。

根据以上试验和分析,本着技术可行、经济合理的原则,公路石灰处治膨胀土路基的碾压方案为,对 93 区、94 区,压实系数为 1.219,对 96 区,压实系数为 1.203,压实遍数为静压 2 遍,弱振动碾压 1 遍,重压 4 遍。

6.2.4　小结

(1)分析常用的膨胀土路基压实工艺,对比各压实工艺的特点与适用性,最后在公路粉煤灰、碱渣处治膨胀土压实工艺中采用静压实与振动压实相结合的方式。

(2)总结出粉煤灰、碱渣处治膨胀土压实工艺流程,并提出每个流程的主要技术要求。

(3)结合试验段施工,确定填料含水率控制在最佳含水率 3%～7%;压实系数 1.219(93、94 区),1.203(96 区);碾压遍数为静压 2 遍,弱振动碾压 1 遍,重压 4 遍。

参 考 文 献

[1] 谭罗荣,孔令伟.特殊岩土工程土质学[M].北京:科学出版社,2006.

[2] 欧尔峰,梁庆国,蒋代军.甘肃天水地区膨胀性泥岩隧道施工技术研究[M].北京:人民交通出版社,2014.

[3] 郑健龙,杨和平.膨胀土处治理论、技术与实践[M].北京:人民交通出版社,2004.

[4] 孔令伟,陈正汉.特殊土与边坡技术发展综述[J].土木工程学报,2012,45(5):141-161.

[5] 中华人民共和国行业标准编写组.膨胀土地区建筑技术规范(GB50112,2013)[S].北京:中国建筑工业出版社,2012.

[6] 宫凤强,李夕兵.膨胀土胀缩等级分类中的距离判别分析法[J].岩土工程学报,2007,29(3):463-466.

[7] 胡明鉴,孔令伟,郭爱国,等.基于强度分区的膨胀土路堤稳定性及土工格栅处治效果分析[J].岩土力学,2007,28(9):1861-1865.

[8] 陈善雄,王星运,许锡昌,等.路基沉降预测的三点修正指数曲线法[J].岩土力学,2011,32(11):3355-3360.

[9] 周博,陈善雄,余飞,等.膨胀土膨胀力原位测试方法[J].岩土力学,2008,29(12):3333-3336.

[10] 李雄威,王勇,张勇.南宁地区膨胀土膨胀力的现场测试[J].工程勘察,2012,9(8):1-3.

[11] 吴珺华,袁俊平.干湿循环下膨胀土现场大型剪切试验研究[J].岩土工程学报,2013,35(1):103-107.

[12] 王亮亮,杨果林.中-强膨胀土竖向膨胀力原位试验[J].铁道学报,2014,36(1):94-99.

[13] 周阳,崔可锐,赵彤.安徽省膨胀土分类和成因研究[J].地基与基础,2013,27(1):74-75.

[14] 崔宗婧.工程膨胀土的判别与分类问题研究[J].建筑与工程,2011,27:710-732.

[15] 高健,傅少君,邱焕峰,等.南阳盆地膨胀土的现场判别与分类[J].武汉大学学报(工学版),2010,43(2):222-226.

[16] 宿晓萍,王亭亭,潘明远.加权距离判别法在膨胀土胀缩等级分类中的应用[J].长春工程学院学报:自然科学版,2015,16(1):34-37.

[17] 李国辉,闵军,陶宗涛.基于最小二乘支持向量机的膨胀土判别与分类[J].科学技术与工程,2009,9(6):1636-1639.

[18] 戴佑才,钟诚.基于贝叶斯判别分析方法的膨胀土胀缩等级分类[J].公路工程,2011,36(5):125-127.

[19] 孙鸣宇,颜可珍.膨胀土路基填料的判别与分类方法研究[J].路基工程,2008,(5):145-146.

[20] 刘章军.膨胀土判别与分类的模糊概率模型及应用[J].交通科技,2010,27(3):1-5,11.

[21] 杨和平,湛文涛,肖杰,等.膨胀土填料分类指标体系的合理性验证[J].公路交通科技,2012,29(8):1-7.

[22] 林友军,薛丽皎,陈丽红.石灰改良汉中膨胀土试验研究[J].陕西理工学院学报(自然科学版),2010,26(1):36-38.

[23] 丁加明,王永和,丁力行.基于粗集不相容系统的膨胀土分类规则提取[J].中南大学学报(自然科学版),2006,37(2):396-400.

[24] 毛天尔,夏林.鄂北膨胀土的微组构特征试验研究[J].华中科技大学学报(城市科学版),2010,27(2):48-52.

[25] 谭松林,黄玲,李玉花.加石灰改性后膨胀土的工程性质研究[J].工程地质学报,2009,17(3):421-425.

[26] 查甫生,刘松玉,杜延军.石灰-粉煤灰改良膨胀土试验[J].东南大学学报(自然科学版),2007,37(2):339-344.

[27] 杨朝旭,解建光.碱渣、废混凝土改性淤泥质土作为路基填土的可行性研究[J].公路工程,2010,35(1):72-75.

[28] 毛天尔,夏林.鄂北膨胀土的微组构特征试验研究[J].华中科技大学学报(城市科学版),2010,27(2):48-52.